DIPENDENZA DIGITALE

Scopri la Tua Via d'Uscita

Jolanda Lori

A tutti coloro che hanno preso in mano questo libro,

Iniziamo questa straordinaria avventura insieme. Queste parole, queste pagine, sono dedicate a te, al tuo coraggio e alla tua determinazione nel cercare la via d'uscita dalla dipendenza digitale. Questo libro è nato per te, per offrirti guida, ispirazione e speranza mentre intraprendi un viaggio di trasformazione personale.

La dipendenza dagli smartphone e dai social media è diventata una sfida comune nell'era digitale, ma la decisione di affrontarla è un atto di grande forza interiore. Forse hai già fatto passi avanti verso una vita più consapevole, o forse stai solo iniziando a esplorare la possibilità di liberarti dalla morsa della tecnologia. In entrambi i casi, sei sulla strada giusta, e questo libro è qui per accompagnarci lungo il cammino.

Nel corso di queste pagine, condivideremo storie di chi, come te, ha combattuto e vinto la sua personale battaglia contro la dipendenza digitale. Troverai consigli pratici, strumenti di auto-riflessione e strategie per aiutarti a resistere alle tentazioni digitali, sviluppare abitudini più sane e, infine, riconquistare il controllo della tua vita.

La nostra speranza è che queste parole siano una fonte di luce nella tua giornata, una guida nella tua ricerca di benessere e una promessa di libertà dalla schiavitù digitale. Siamo qui con te, a ogni pagina, a ogni passo del percorso.

Ricorda che non sei solo in questa lotta. Ci sono molti come te, persone che desiderano vivere una vita più equilibrata, più significativa e piena di presenza. Insieme, possiamo superare questa sfida e tornare a godere appieno della bellezza del mondo reale.

Sia che tu stia cercando risposte, motivazione o una semplice conferma che sei sulla strada giusta, questo libro è qui per te. Lasciati ispirare, lasciati guidare e, soprattutto, sappi che hai il potere di creare il cambiamento che desideri nella tua vita.

Con gratitudine per il tuo impegno e il tuo coraggio,

Jolanda Lori

Cambiare la tua relazione con la tecnologia è come aprire una finestra su un mondo di possibilità che erano lì, ma che spesso ignoravamo. È un atto di liberazione che ti permette di respirare profondamente il profumo della vita reale.

JOLANDA LORI

SOMMARIO

INTRODUZIONE

Nell'era digitale in cui viviamo, gli smartphone e i social media hanno trasformato profondamente la nostra esistenza. Siamo costantemente connessi, sempre raggiungibili, eppure, paradossalmente, spesso ci sentiamo più distanti dalla vera essenza della vita di quanto mai lo siamo stati. Questa introduzione è una chiamata alla consapevolezza di questa realtà, ma è anche una promessa di speranza e di cambiamento.

Il libro che hai tra le mani, "Dipendenza Digitale: Scopri la Tua Via d'Uscita," è stato concepito come una bussola per coloro che si sentono smarriti in questo mare digitale. È un compagno di viaggio per chiunque desideri riprendere il controllo della propria vita digitale e riscoprire la gioia, la soddisfazione e la consapevolezza di vivere nel momento presente.

Nel corso delle prossime pagine, esploreremo la dipendenza da smartphone e social media in tutti i suoi aspetti. Scopriremo la scienza che si cela dietro questa dipendenza, impareremo a riconoscerne i sintomi e le conseguenze e, soprattutto, troveremo modi concreti per affrontarla e superarla. Ma prima di immergerci in questo viaggio di scoperta e trasformazione, lascia che ti racconti perché ho scelto di scrivere questo libro.

Come psicologa e consulente per la salute mentale, ho visto innumerevoli individui affrontare le sfide della dipendenza digitale. Ho ascoltato le loro storie, ho osservato il loro coraggio nel cercare il cambiamento e ho imparato dalla loro determinazione a riconquistare il controllo delle loro vite. Mi sono resa conto che la dipendenza digitale non è una sfida isolata; è un problema che colpisce molte persone in tutto il mondo.

Ho voluto scrivere questo libro per offrire a chiunque si senta intrappolato nella rete della tecnologia una guida pratica e un raggio di speranza. La dipendenza digitale non è qualcosa da cui fuggire, ma qualcosa da affrontare con coraggio e determinazione. È un'opportunità per riscoprire la bellezza del mondo reale, le relazioni significative e la gioia di vivere nel momento presente.

Questo libro non è solo un manuale di auto-aiuto, ma una fonte di ispirazione. In queste pagine incontrerai persone reali, come te, che hanno affrontato la dipendenza digitale e hanno vinto. Le loro storie dimostrano che è possibile liberarsi da questa dipendenza e tornare a vivere una vita autentica e appagante.

Mi auguro che questo libro diventi per te una risorsa preziosa in questo viaggio di cambiamento. Che tu stia cercando di ridurre l'uso degli smartphone, di ristabilire equilibrio tra la tecnologia e la tua vita o semplicemente di trovare un senso di connessione più autentica con te stesso e con gli altri, qui troverai consigli, strumenti e storie che ti guideranno.

La dipendenza digitale è una sfida del nostro tempo, ma è anche un'opportunità per crescere, per cambiare e per vivere una vita che rifletta veramente chi siamo e ciò che valorizziamo. Spero che tu sia pronto a iniziare questo viaggio insieme, perché la tua via d'uscita inizia ora.

Con gratitudine e speranza,
Jolanda Lori

PREFAZIONE

Siamo connessi più che mai, ma quanto siamo realmente presenti nelle nostre vite?

In un mondo in cui gli smartphone e i social media sono diventati parte integrante della nostra esistenza quotidiana, spesso ci troviamo immersi in una realtà digitale che ci allontana dalla vera essenza della vita. La nostra dipendenza da questi dispositivi può sfuggirci di mano in modo inaspettato, rendendoci schiavi delle notifiche, delle app e degli aggiornamenti costanti. In questo scenario, la vera domanda diventa: quanto controllo abbiamo davvero sulla nostra vita digitale?

Questo libro, "Dipendenza Digitale: Scopri la Tua Via d'Uscita," è nato dalla necessità di affrontare questa sfida moderna. È un invito a intraprendere un viaggio di auto-scoperta e di cambiamento, un viaggio che ci riporta nel momento presente, ci libera dalle catene digitali e ci consente di vivere una vita più significativa e soddisfacente.

Ma chi sono io per parlare di questo argomento? Mi chiamo Jolanda Lori, e ho dedicato la mia vita professionale alla psicologia e alla salute mentale. Ho lavorato con individui che hanno lottato con varie forme di dipendenza, inclusa la dipendenza digitale. Ho visto le sfide che affrontano, ma ho anche assistito alle loro vittorie e alle loro trasformazioni. Questo libro rappresenta un tentativo di condividere le conoscenze, le strategie e le storie di successo che ho raccolto nel corso degli anni.

La dipendenza digitale non è solo un problema individuale; è una questione sociale e culturale che riguarda tutti noi. È un tema che merita una discussione aperta e un approccio comprensivo. In queste pagine, esploreremo insieme la scienza dietro la dipendenza da smartphone e social media, impareremo a riconoscere i sintomi, scopriremo come stabilire obiettivi chiari per il cambiamento e forniremo strategie pratiche per resistere alle tentazioni digitali.

Ma questo libro non è solo un manuale di auto-aiuto; è una fonte di ispirazione. Incontrerete persone reali che hanno affrontato la dipendenza digitale e hanno cambiato la loro vita in modi sorprendenti. Le loro storie dimostrano che è possibile superare questa sfida e tornare a godere appieno della vita reale.

Mi auguro che questo libro sia una risorsa preziosa per tutti coloro che cercano di liberarsi dalla dipendenza digitale e di abbracciare una vita più autentica. È un invito a prendere il controllo della tua vita digitale, a ritrovare il tuo potere personale e a vivere nel momento presente.

Prendi per mano questa opportunità di cambiamento. Lasciati ispirare, sfida le tue abitudini digitali e scopri quanto straordinaria possa essere la vita quando impari a vivere al di fuori dello schermo.

Siate pronti, cari lettori. Il vostro viaggio verso la dipendenza digitale è appena iniziato, e non c'è momento migliore di adesso per fare il primo passo.

Con gratitudine e speranza,
Jolanda Lori

PROLOGO

Ti sei mai fermato a riflettere su quanto tempo trascorri davanti allo schermo del tuo smartphone? Hai mai notato come il mondo digitale sembri intrappolarti, a volte senza che tu te ne accorga? Se hai risposto sì, sei in buona compagnia. Questo prologo è un invito a un viaggio di auto-riflessione, consapevolezza e cambiamento - un viaggio che inizia proprio qui, in queste poche righe.

Viviamo in un'epoca in cui la tecnologia è onnipresente, dove gli smartphone sono diventati estensioni di noi stessi, portali magici verso un mondo di informazioni e connessioni. Tuttavia, questa stessa tecnologia che dovrebbe migliorare la nostra vita può anche inghiottirci, separarci dalla realtà e farci dimenticare di vivere nel presente.

Se hai mai provato un senso di ansia quando ti sei dimenticato il telefono a casa o hai notato che la prima cosa che fai al mattino è afferrare il tuo dispositivo, allora sai di cosa sto parlando. La dipendenza dagli smartphone e dai social media è diventata un problema diffuso, ma spesso passa inosservata. È un tipo di dipendenza che non è riconosciuto dai sintomi fisici classici, ma i suoi effetti possono essere altrettanto devastanti.

La buona notizia è che riconoscere il problema è il primo passo verso la soluzione. È il primo passo verso una vita più consapevole, equilibrata e soddisfacente. Questo libro è stato scritto per aiutarti a compiere questo passo, per darti gli strumenti per liberarti dalla dipendenza digitale e per ispirarti a vivere in modo più autentico.

Durante il nostro viaggio attraverso queste pagine, esploreremo la scienza dietro la dipendenza da smartphone, conosceremo i segnali di allarme, scopriremo le strategie per resistere alle tentazioni digitali e incontreremo persone reali che hanno affrontato la dipendenza e hanno vinto. Queste storie di successo dimostrano che è possibile superare questa sfida e tornare a godere appieno della vita reale.

Ma ricorda, questo viaggio è personale. Non esiste una soluzione universale, ma ci sono molte strade verso la libertà dalla dipendenza digitale. La chiave è la consapevolezza e il desiderio di cambiare. Se sei qui, leggendo queste parole, hai già compiuto un passo importante verso una vita più equilibrata.

Questo libro è un invito a iniziare, un invito a cercare la tua via d'uscita dalla dipendenza digitale e a scoprire la bellezza di una vita vissuta nel presente. È un'opportunità per riscoprire la connessione con te stesso, con gli altri e con il mondo intorno a te.

Quindi, caro lettore, mettiti comodo. Il tuo viaggio inizia ora. Spero che questo libro diventi una guida preziosa lungo il cammino e che ti ispiri a riconquistare la tua vita dai confini digitali. Con gratitudine per la tua presenza qui e con la speranza di un futuro più consapevole e libero dalla dipendenza digitale.

Buon viaggio,

Jolanda Lori

CAPITOLO 1: L'INVOLONTARIA DIPENDENZA DIGITALE

Nel vortice della frenesia quotidiana, gran parte di noi non si è resa conto di come siamo finiti intrappolati nella dipendenza dagli smartphone e dai social media. Ci siamo avventurati in questa realtà digitale senza rendersi conto di quanto essa avrebbe dominato le nostre vite. In questo capitolo, esploreremo il sottile ma pervasivo processo attraverso il quale ci siamo evoluti da semplici utilizzatori di tecnologia a schiavi involontari della stessa.

La Promessa Tecnologica

Alla fine degli anni '90 e all'inizio degli anni 2000, quando i telefoni cellulari iniziarono a diffondersi, erano considerati una benedizione tecnologica. Ci hanno promesso la comunicazione in tempo reale ovunque ci trovassimo, la possibilità di rimanere in contatto con amici e familiari, e un facile accesso alle informazioni. Inizialmente, questi dispositivi erano limitati nelle loro funzioni e l'uso eccessivo non sembrava un problema.

Tuttavia, la rivoluzione digitale ha accelerato il processo di cambiamento. L'avvento degli smartphone ha trasformato i telefoni cellulari in minicomputer portatili. Ora, oltre alle chiamate, potevamo inviare messaggi istantanei, scattare foto, navigare su Internet e persino giocare a videogiochi. Questa convergenza tecnologica sembrava una benedizione, ma aveva un lato oscuro.

Il Crescere dell'Incessante Connessione

Man mano che la tecnologia avanzava, siamo diventati sempre più connessi. I social media, come Facebook, Twitter, e Instagram, hanno cambiato la nostra percezione della comunicazione. Non eravamo più limitati a condividere momenti significativi con gli altri; ora condividevamo costantemente aggiornamenti sulle nostre vite, piccoli e grandi, con un vasto pubblico.

L'approvazione virtuale è diventata una droga sociale, e i "mi piace" e i commenti hanno cominciato a influenzare la nostra autostima.

Le notifiche dei social media e delle app ci hanno attirato in un ciclo infinito di controllo dei dispositivi. Il suono di una notifica diventava quasi una gara per vedere chi avrebbe risposto più rapidamente. Abbiamo iniziato a trascorrere sempre più tempo a guardare schermi luminosi, spesso ignorando completamente il mondo fisico che ci circondava.

La Distanza tra Virtuale e Reale

Ci siamo ritrovati a vivere due vite parallele: quella reale e quella virtuale. La nostra vita virtuale poteva sembrare affascinante, ma talvolta era ben distante dalla realtà. Le foto ritoccate, le affermazioni e i successi condivisi online spesso nascondevano i nostri veri pensieri e sentimenti. Invece di affrontare i nostri problemi, ci nascondevamo dietro uno schermo, sperando che il mondo virtuale avrebbe reso i problemi reali meno tangibili.

I Segnali di Allarme

Ma quali sono i segnali di allarme che indicano la nostra involontaria dipendenza digitale? Ecco alcuni indizi che dovremmo tutti considerare:

L'uso compulsivo: Controllare costantemente il telefono o i social media anche quando non è necessario.

Distrazione: La difficoltà a concentrarsi su compiti o interazioni importanti a causa dell'uso del telefono.

Sonno disturbato: Portare il telefono a letto e essere disturbati dalle notifiche durante la notte. Rituali online: La creazione di rituali quotidiani intorno all'uso dei dispositivi digitali.

Isolamento sociale: La preferenza per le interazioni virtuali rispetto a quelle reali, portando all'isolamento dai rapporti umani.

Riconoscere questi segnali è il primo passo per affrontare la dipendenza digitale e recuperare il controllo sulla nostra vita. In questo libro, esploreremo come possiamo farlo e recuperare il nostro legame con il mondo reale.

CAPITOLO 2: LA SCIENZA DIETRO LA DIPENDENZA

Nel capitolo precedente, abbiamo esaminato come la nostra dipendenza dagli smartphone e dai social media sia cresciuta in modo inaspettato. In questo capitolo, ci immergeremo nella complessa ma affascinante scienza che sottende questa dipendenza, cercando di comprendere come il nostro cervello reagisce a queste tecnologie e perché diventa così difficile staccarsene.

La Gratificazione Istantanea

Per comprendere la dipendenza dai dispositivi digitali, dobbiamo innanzitutto affrontare il concetto di gratificazione istantanea. Nel nostro mondo sempre connesso, abbiamo accesso immediato a una vasta gamma di informazioni e stimoli. La scienza ha dimostrato che il nostro cervello è cablato per rispondere positivamente a questa gratificazione immediata. Quando riceviamo una notifica o un "mi piace" sui social media, il cervello rilascia neurotrasmettitori come la dopamina, creando una sensazione di piacere e gratificazione.

Il Ciclo della Dopamina

La dopamina è spesso definita il neurotrasmettitore del piacere, ma è molto più complessa di quanto sembri. Quando usiamo dispositivi digitali, il cervello rilascia dopamina, contribuendo a creare un piacevole senso di soddisfazione. Tuttavia, con l'uso ripetuto e eccessivo, il cervello inizia a regolarsi, richiedendo sempre più stimoli per raggiungere la stessa sensazione di piacere. Questo fenomeno è noto come tolleranza.

La tolleranza alla dopamina è il motivo per cui ci ritroviamo a scorrere interminabilmente il nostro feed dei social media o a verificare costantemente le notifiche. Il cervello si abitua rapidamente alla piccola spruzzata di piacere e desidera sempre di più. Quindi, finiamo per trascorrere più tempo sui dispositivi, cercando disperatamente quel colpo di dopamina successivo.

La Connessione Sociale e l'Ossitocina

Oltre alla dopamina, un altro neurotrasmettitore chiave coinvolto nella dipendenza digitale è l'ossitocina. Questo neurotrasmettitore è spesso associato alla connessione sociale e all'empatia. Quando interagiamo con gli altri attraverso i social media, riceviamo una dose di ossitocina, che ci fa sentire connessi e vicini agli altri. Questo senso di connessione è altamente gratificante e può spingerci a tornare costantemente alle interazioni virtuali per ripetere l'esperienza.

Il Cervello Plasticità

Una caratteristica straordinaria del cervello è la sua plasticità, la capacità di adattarsi e cambiare in risposta all'esperienza. Purtroppo, la dipendenza digitale può influenzare negativamente questa plasticità. Con un uso eccessivo, il cervello può iniziare a riformare le sue vie neurali per favorire la gratificazione istantanea e l'uso compulsivo degli smartphone e dei social media. Questo processo rende sempre più difficile staccarsi da questi dispositivi, poiché il cervello si adatta a questa nuova "normalità".

La Dipendenza come Disturbo del Cervello

È importante capire che la dipendenza da smartphone e social media può essere vista come un disturbo del cervello. Gli effetti sulla chimica cerebrale, la gratificazione istantanea e la perdita di controllo sono tutti segni di un cervello che sta lottando per gestire questa nuova forma di stimolazione digitale.

Conoscere la scienza che sta dietro alla dipendenza digitale ci aiuta a comprendere perché diventa così difficile staccarsi da smartphone e social media. Tuttavia, non tutto è perduto. Nelle prossime parti di questo libro, esploreremo come possiamo utilizzare questa conoscenza per liberarci dalla dipendenza e recuperare il controllo sulla nostra vita digitale e reale.

CAPITOLO 3: RICONOSCERE LA DIPENDENZA

Nel capitolo precedente, abbiamo esaminato la complessa scienza che sta dietro alla dipendenza da smartphone e social media. Adesso è giunto il momento di guardare all'interno di noi stessi e imparare a riconoscere i sintomi e i segni della dipendenza nelle nostre vite quotidiane. Questo è il primo passo cruciale verso il cambiamento e il recupero della nostra autonomia.

I Sintomi Nascosti

Spesso, la dipendenza da smartphone e social media si nasconde dietro una serie di comportamenti apparentemente innocui. Potresti non considerarti un "dipendente" in senso tradizionale, ma potresti comunque mostrare alcuni segni rivelatori. Ecco alcuni sintomi comuni da tenere d'occhio:

Controllo compulsivo: Ti trovi a controllare costantemente il tuo smartphone o i social media anche quando non c'è motivo evidente per farlo.

Distrazione costante: Trovi difficile concentrarti su compiti importanti perché il tuo telefono o i social media ti distraggono regolarmente.

Riduzione delle interazioni sociali reali: Preferisci interagire con gli altri attraverso lo schermo piuttosto che faccia a faccia.

Diminuzione delle prestazioni lavorative o accademiche: La tua dipendenza digitale ha un impatto negativo sul tuo lavoro o sugli studi.

Problemi di sonno: Porti il tuo smartphone a letto e le notifiche ti disturbano durante la notte, causando problemi di sonno.

Sentimenti di ansia o agitazione quando sei lontano dal telefono: Se ti senti ansioso o agitato quando non hai accesso al tuo smartphone, potrebbe essere un segno di dipendenza.

Tempo eccessivo online: Trascorri la maggior parte della giornata online o sui social media, a scapito di altre attività importanti.

Mentire o nascondere l'uso: Ti senti in colpa per il tempo trascorso online e potresti nascondere o minimizzare quanto effettivamente utilizzi il telefono o i social media.

Perdita di interesse per le attività reali: Le attività che una volta ti appassionavano sembrano meno interessanti rispetto a ciò che trovi online.

L'Autovalutazione Onesta

Il riconoscimento della dipendenza digitale può essere difficile, poiché spesso ci illudiamo riguardo al nostro vero livello di utilizzo. Per valutare con onestà la tua situazione, potresti provare a rispondere a queste domande:

Quante ore al giorno trascorri sul tuo smartphone o sui social media?

Ti senti costantemente attratto a controllare il tuo telefono anche in situazioni in cui dovresti concentrarti su altro?

Hai mai cercato di ridurre il tempo trascorso online, ma hai fallito ripetutamente?

Le persone intorno a te hanno espresso preoccupazione riguardo al tuo utilizzo dei dispositivi digitali?

Ti senti ansioso o inquieto quando non hai accesso al tuo

smartphone?

Le tue prestazioni lavorative, accademiche o relazionali sono state influenzate negativamente dal tuo utilizzo dei dispositivi digitali?

Preferisci le interazioni virtuali rispetto a quelle reali?

Se rispondessi in modo affermativo a diverse di queste domande, potresti essere a rischio di dipendenza da smartphone e social media. Ma non temere, riconoscere il problema è il primo passo verso la guarigione e il cambiamento.

La Sfida del Riconoscimento

Riconoscere la dipendenza non è facile. Spesso, il rifiuto e la negazione possono essere parti del processo. Tuttavia, è fondamentale affrontare il problema con onestà e coraggio. Solo allora potremo intraprendere il percorso verso una vita più equilibrata, in cui i dispositivi digitali siano uno strumento al nostro servizio, non il contrario. Nei prossimi capitoli, esploreremo strategie pratiche per affrontare e superare questa dipendenza, liberandoci dall'aggravante presa dei dispositivi digitali sulla nostra vita.

CAPITOLO 4: GLI EFFETTI COLLATERALI DELLA DIPENDENZA DIGITALE

Nel capitolo precedente, abbiamo imparato a riconoscere i segni e i sintomi della dipendenza da smartphone e social media. Ora è il momento di esaminare in modo più approfondito gli impatti negativi che questa dipendenza può avere sulla nostra salute mentale, fisica e relazionale.

Comprendere appieno questi effetti collaterali è fondamentale per trovare la motivazione necessaria a intraprendere il percorso verso una vita libera dalla dipendenza digitale.

La Salute Mentale a Rischio

La dipendenza da smartphone e social media può esercitare una pressione notevole sulla nostra salute mentale. Ecco alcuni degli effetti collaterali comuni:

Ansia: Il costante bisogno di essere connessi e l'ansia legata alle notifiche possono contribuire all'insorgere di ansia cronica.

Depressione: La comparazione costante con gli altri online, unita all'isolamento sociale, può portare a sentimenti di depressione.

Disturbi del sonno: L'uso eccessivo dei dispositivi digitali prima di dormire può disturbare il sonno, portando a stanchezza cronica e irritabilità.

Bassa autostima: La ricerca di approvazione online può far sì che la nostra autostima dipenda da quanti "mi piace" riceviamo, rendendoci vulnerabili alle fluttuazioni dell'opinione altrui.

Isolamento: Passare troppo tempo online può farci sentire isolati dalla vita reale e dalle relazioni umane, contribuendo all'isolamento sociale.

Impatto sulla Salute Fisica

La dipendenza digitale non influisce solo sulla nostra salute mentale, ma può anche avere conseguenze fisiche significative:

Sedentarietà: Il tempo trascorso davanti allo schermo spesso sostituisce l'attività fisica, contribuendo all'insorgere della sedentarietà e dei problemi di salute associati.

Dolore fisico: La posizione costante del collo abbassato durante l'uso degli smartphone può causare tensioni muscolari e dolori cronici.

Problemi agli occhi: L'esposizione prolungata agli schermi può contribuire a problemi oculari come l'affaticamento visivo e la secchezza degli occhi.

Sonno disturbato: La luce blu emessa dai dispositivi digitali può interferire con la produzione di melatonina, un ormone che regola il sonno, disturbando il nostro ritmo circadiano.

Relazioni danneggiate

La dipendenza da smartphone può avere gravi ripercussioni sulle relazioni interpersonali:

Meno comunicazione faccia a faccia: Il tempo trascorso online può sostituire le interazioni faccia a faccia, indebolendo i legami familiari e sociali.

Mancanza di attenzione: L'uso costante del telefono durante le interazioni può far sentire agli altri di non essere importanti, danneggiando la comunicazione e la reciproca comprensione.

Confronti dannosi: La tendenza a confrontare le nostre vite con le rappresentazioni online degli altri può portare a conflitti e incomprensioni nelle relazioni.

Difficoltà nella risoluzione dei conflitti: La comunicazione online può rendere difficile affrontare i conflitti e risolverli in modo sano.

Riconoscere l'Urge al Cambiamento

Mentre esaminiamo gli effetti collaterali della dipendenza digitale, diventa chiaro che la nostra salute mentale, fisica e le nostre relazioni sono a rischio. Questi effetti negativi dovrebbero essere un motivatore potente per cercare di liberarci dalla dipendenza. Nonostante possa sembrare una sfida insormontabile, è importante ricordare che il cambiamento è possibile.

Nel prossimo capitolo, esploreremo come iniziare il processo di disintossicazione digitale e riconquistare il controllo sulla nostra vita. La consapevolezza degli effetti collaterali ci darà la forza necessaria per intraprendere questo viaggio verso una vita più sana e equilibrata.

CAPITOLO 5: L'IMPORTANZA DEL CAMBIAMENTO

Nel capitolo precedente, abbiamo esaminato gli effetti negativi della dipendenza da smartphone e social media sulla nostra salute mentale, fisica e relazionale. Ora è il momento di immergerci nell'importanza del cambiamento e di esplorare le ragioni per cui è cruciale affrontare la dipendenza. Questo capitolo fornisce motivazione e incentivo per intraprendere il percorso di liberazione.

La Necessità del Cambiamento

Prima di tutto, è essenziale capire che la dipendenza digitale è un problema reale con impatti significativi sulla nostra vita. Ignorare questo fatto o procrastinare l'azione può portare a conseguenze ancora più gravi. Ecco perché il cambiamento è così importante.

Migliorare la qualità della vita: Il cambiamento ci offre l'opportunità di migliorare la nostra qualità della vita. Liberarsi dalla dipendenza digitale significa liberare tempo per le attività che ci appassionano, migliorare la nostra salute mentale e fisica, e rafforzare le nostre relazioni.

Ritrovare il controllo: La dipendenza digitale può farci sentire impotenti e fuori controllo. Il cambiamento ci restituisce il controllo sulla nostra vita, consentendoci di prendere decisioni consapevoli e di agire secondo i nostri valori.

Prevenire ulteriori danni: Ignorare la dipendenza può portare a danni sempre più gravi. Affrontarla ora può aiutarci a evitare ulteriori complicazioni nella nostra salute mentale, fisica e nelle relazioni.

Riconquistare il tempo: La dipendenza digitale può rubarci ore preziose della giornata. Il cambiamento ci restituisce il tempo che possiamo dedicare a cose più significative ed essenziali.

La Motivazione Personale

Ogni individuo ha le proprie ragioni per voler affrontare la dipendenza digitale. Potrebbe essere il desiderio di migliorare la salute mentale, di rafforzare le relazioni, di trovare una maggiore felicità o di realizzare obiettivi personali. Identificare la tua motivazione personale è cruciale perché ti darà la spinta necessaria per cambiare.

L'Influenza sulle Relazioni

Le relazioni interpersonali sono una delle aree più colpite dalla dipendenza digitale. Riconoscere quanto le nostre dipendenze influenzino negativamente le persone che ci circondano può essere un potente incentivo al cambiamento. Pensare a come le nostre azioni influenzano gli altri può spingerci a fare scelte più consapevoli.

La Ricerca di Un Equilibrio Sano

Il cambiamento non significa necessariamente rinunciare completamente agli smartphone e ai social media. Piuttosto, si tratta di cercare un equilibrio sano tra l'uso di queste tecnologie e la vita reale. È possibile utilizzare gli strumenti digitali in modo consapevole e finalizzato, piuttosto che in modo compulsivo e distruttivo.

L'Inizio del Viaggio

Intraprendere il viaggio del cambiamento può sembrare spaventoso e impegnativo, ma è importante ricordare che ogni piccolo passo conta. Inizia con obiettivi realistici e progressivamente sfidanti. Ad esempio, potresti iniziare riducendo il tempo trascorso sui social media o evitando di portare il telefono a letto.

Inoltre, cercare supporto da parte di amici, familiari o professionisti può essere estremamente utile durante il processo di cambiamento. Non sei solo in questo viaggio, e il sostegno delle persone a te care può fare la differenza.

Conclusione

Il cambiamento è fondamentale per affrontare la dipendenza da smartphone e social media. Riconoscere l'importanza del cambiamento, identificare la tua motivazione personale e iniziare a intraprendere azioni concrete sono passi cruciali verso una vita più equilibrata e significativa. Nel prossimo capitolo, esploreremo strategie pratiche per avviare il processo di disintossicazione digitale e riconquistare il controllo sulla tua vita.

CAPITOLO 6: SOSTITUIRE L'ABITUDINE

Nel capitolo precedente, abbiamo esaminato l'importanza del cambiamento e dell'affrontare la dipendenza da smartphone e social media. Ora è il momento di affrontare le abitudini dannose legate a questi dispositivi e offrire strategie pratiche per sostituirle con attività più gratificanti e significative. Questo capitolo ti guiderà attraverso il processo di disintossicazione digitale.

Comprendere le Abitudini Digitali

Prima di poter sostituire le abitudini legate agli smartphone, è fondamentale comprenderle appieno. Le abitudini digitali spesso si basano su un ciclo comportamentale composto da tre fasi:

Scintilla o Cues: Questa è la fase in cui qualcosa attiva il tuo desiderio di utilizzare lo smartphone o i social media. Può essere una notifica, una noia o anche solo il desiderio automatico di controllare il telefono.

Routine: La routine è l'azione effettiva di utilizzare il dispositivo o i social media in risposta alla scintilla. Potresti scorrere il feed, rispondere a messaggi o controllare le notifiche.

Ricompensa: Questa fase è ciò che gratifica il tuo comportamento. Può essere la dopamina rilasciata quando vedi una notifica o il senso di distrazione temporanea dalla noia.

Sostituire le Abitudini Digitali

La chiave per affrontare la dipendenza digitale è sostituire le abitudini dannose con quelle più salutari. Ecco alcune strategie pratiche per farlo:

Identifica le Scintille: Inizia con il riconoscimento delle scintille o cues che attivano il desiderio di utilizzare lo smartphone. Potrebbe essere il suono di una notifica o la noia. Prendi nota di queste scintille quando si verificano.

Sostituisci la Routine: Una volta identificate le scintille, cerca di sostituire la routine digitale con un'attività diversa ma gratificante. Ad esempio, se la noia scatena il desiderio di controllare il telefono, prova a leggere un libro, fare una passeggiata o praticare la meditazione.

Trova una Ricompensa Alternativa: La chiave per una sostituzione efficace è trovare una ricompensa alternativa che soddisfi il desiderio precedentemente soddisfatto dalla routine digitale. Potrebbe essere il senso di calma e rilassamento derivante dalla meditazione o il piacere di scoprire una nuova attività.

Crea un Ambiente di Supporto: Riduci al minimo le tentazioni digitali nell'ambiente circostante. Disattiva le notifiche non essenziali, elimina le app che ti distraggono e crea spazi dedicati allontanati da dispositivi digitali.

Imposta Obiettivi di Tempo: Stabilisci obiettivi di tempo per l'uso dello smartphone o dei social media. Ad esempio, potresti limitare il tempo trascorso sui social media a 30 minuti al giorno.

Riempiti di Attività Significative: Trova attività significative che possano riempire il tempo precedentemente dedicato all'uso compulsivo dei dispositivi digitali. Potrebbe essere l'apprendimento di una nuova abilità, il volontariato o la creazione di connessioni reali con gli altri.

Mantieni un Diario: Tieni un diario dei tuoi progressi nel sostituire le abitudini digitali. Registrare le tue sfide e i tuoi successi può essere un potente motivatore.

La Pazienza è la Chiave

Sostituire le abitudini digitali non è un processo immediato. Richiede pazienza, dedizione e costanza. È probabile che ci saranno momenti di ricaduta, ma è importante non arrendersi. La consapevolezza delle abitudini e il costante sforzo per sostituirle con comportamenti più salutari alla fine porteranno a una vita più equilibrata.

Conclusione

Sostituire le abitudini legate agli smartphone e ai social media con comportamenti più gratificanti e significativi è un passo cruciale verso la liberazione dalla dipendenza digitale. Queste strategie pratiche possono aiutarti a rompere il ciclo delle abitudini dannose e a riconquistare il controllo sulla tua vita. Nel prossimo capitolo, esploreremo ulteriori tecniche per coltivare uno stile di vita digitale più sano e equilibrato.

CAPITOLO 7: LA DISINTOSSICAZIONE DIGITALE

Nel capitolo precedente, abbiamo esaminato come sostituire le abitudini legate agli smartphone e ai social media con comportamenti più gratificanti e significativi. Ora è il momento di approfondire il processo di disintossicazione digitale, un percorso che ti guiderà attraverso la riduzione graduale dell'uso di smartphone e social media. Questo capitolo ti offrirà suggerimenti pratici per liberarti dalla dipendenza digitale.

Capire la Disintossicazione Digitale

La disintossicazione digitale è un processo volto a ripristinare un rapporto equilibrato con la tecnologia digitale. Implica il superare la dipendenza da smartphone e social media, migliorando la tua salute mentale, fisica e le tue relazioni.

Definisci i Tuoi Obiettivi

Prima di iniziare la disintossicazione, è importante stabilire chiari obiettivi personali. Cosa vuoi ottenere dalla disintossicazione digitale? Potresti voler ridurre il tempo trascorso online, migliorare la qualità del sonno o rafforzare le tue relazioni. Definendo i tuoi obiettivi, avrai una direzione chiara da seguire.

Crea un Piano Dettagliato

Un piano dettagliato ti aiuterà a gestire la disintossicazione in modo più efficace. Considera quanto tempo trascorri attualmente online e stabilisci obiettivi realistici per ridurlo gradualmente. Ad esempio, potresti pianificare di ridurre il tempo sui social media di 30 minuti al giorno per le prime due settimane.

Imposta Limiti di Tempo e Utilizzo

Imposta limiti di tempo per l'uso di smartphone e social media. Utilizza funzioni come "Tempo sullo schermo" o "Limiti app" per monitorare e limitare il tempo trascorso online. Stabilisci una finestra specifica durante la giornata in cui è consentito utilizzare i dispositivi digitali.

Riconosci e Affronta le Sfide

Durante la disintossicazione digitale, è probabile che affronterai sfide e tentazioni. Riconoscile e cerca modi per superarle. Ad esempio, se senti il desiderio di controllare il telefono mentre aspetti qualcuno, porta con te un libro o un quaderno per scrivere.

Promuovi le Interazioni Reali

Uno degli obiettivi principali della disintossicazione digitale è promuovere le interazioni reali. Cerca attività che ti permettano di connetterti con gli altri senza l'uso di dispositivi digitali. Organizza cene, incontri con gli amici, o partecipa a gruppi di interesse.

Coltiva la Consapevolezza

La consapevolezza è una parte essenziale della disintossicazione digitale. Pratica la mindfulness per essere pienamente presente nei momenti senza dispositivi digitali. Riconosci i pensieri e le emozioni che ti spingono verso l'uso compulsivo e cerca di gestirli in modo sano.

Goditi la Libertà Digitale

Mentre riduci gradualmente l'uso di smartphone e social media, goditi la libertà che ne deriva. Usa il tempo recuperato per dedicarti a hobby, esplorare nuove attività e approfondire le relazioni umane.

Cerca Supporto

La disintossicazione digitale può essere una sfida, e cercare supporto può fare la differenza. Parla con amici o familiari di fiducia e condividi i tuoi obiettivi con loro. Potresti anche considerare la possibilità di unirti a gruppi di supporto online o di cercare l'aiuto di un professionista.

Sii Gentile con Te Stesso

Infine, ricorda di essere gentile con te stesso durante il processo di disintossicazione digitale. È normale avere ricadute o momenti di debolezza. L'importante è tornare sulla buona strada senza colpe o auto giudizi.

Conclusione

La disintossicazione digitale è un percorso verso una vita più equilibrata e significativa. Attraverso una pianificazione oculata, la definizione di obiettivi chiari e la pratica della consapevolezza, puoi liberarti dalla dipendenza da smartphone e social media. Nel prossimo capitolo, esploreremo come coltivare uno stile di vita digitale sano e sostenibile una volta completata la disintossicazione.

CAPITOLO 8: IMPOSTARE OBIETTIVI CHIARI

Nel capitolo precedente, abbiamo esaminato il processo di disintossicazione digitale e come ridurre gradualmente l'uso di smartphone e social media. Ora è il momento di guardare al futuro e capire come possiamo stabilire obiettivi chiari per costruire una vita più equilibrata e meno dipendente dalla tecnologia. Questo capitolo ti guiderà attraverso il processo di definizione di obiettivi significativi.

Perché Gli Obiettivi Sono Importanti

Gli obiettivi ci danno una direzione chiara e un proposito. Sono come una mappa che ci guida nel percorso verso il cambiamento desiderato. Nel contesto della disintossicazione digitale, stabilire obiettivi chiari è cruciale perché ci aiuta a mantenere il controllo sul nostro rapporto con la tecnologia invece di essere guidati da esso.

Definizione di Obiettivi SMART

Gli obiettivi SMART sono Specifici, Misurabili, Achievable (realizzabili), Relevanti e Time-bound (con un limite di tempo). Questa metodologia ti aiuterà a formulare obiettivi chiari e concreti che possono essere raggiunti. Ecco come applicarla:

Specifici: L'obiettivo deve essere specifico e chiaro. Evita dichiarazioni vaghe come "ridurre l'uso dello smartphone". Invece, potresti dire: "Ridurre il tempo trascorso sui social media a 30 minuti al giorno."

Misurabili: Gli obiettivi devono essere misurabili in modo che tu possa valutare il tuo progresso. Ad esempio, puoi misurare il tempo trascorso online attraverso app di monitoraggio.

Achievable (Realizzabili): Gli obiettivi dovrebbero essere realistici e raggiungibili. Se hai trascorso ore al giorno sui social media, stabilire un obiettivo di 5 minuti potrebbe essere troppo ambizioso. Inizia con obiettivi che sai di poter raggiungere.

Relevanti: Gli obiettivi devono essere rilevanti rispetto al tuo desiderio di una vita più equilibrata. Assicurati che gli obiettivi abbiano un impatto diretto sulla tua dipendenza digitale.

Time-bound (Con un Limite di Tempo): Gli obiettivi devono avere una scadenza. Questo crea un senso di urgenza e ti aiuta a concentrarti sul raggiungimento dell'obiettivo entro un certo periodo. Ad esempio, "Ridurre il tempo trascorso sui social media a 30 minuti al giorno entro il prossimo mese."

Identificare i Tuoi Obiettivi

Identificare i tuoi obiettivi personali è un passo fondamentale. Chiediti cosa vuoi ottenere dalla tua vita una volta liberato dalla dipendenza digitale. Ecco alcuni esempi di obiettivi:

Migliorare la qualità del sonno: "Migliorare la qualità del mio sonno ritirando il telefono dalla camera da letto entro il prossimo mese."

Stabilire relazioni più significative: "Dedicare almeno due serate a settimana senza dispositivi digitali per rafforzare le relazioni con amici e familiari."

Aumentare la produttività: "Aumentare la mia produttività lavorativa limitando l'uso di smartphone durante le ore di lavoro."

Coltivare nuovi interessi: "Imparare una nuova abilità o hobby entro il prossimo trimestre per riempire il tempo precedentemente dedicato agli smartphone."

Migliorare la salute mentale: "Praticare la mindfulness per

almeno 10 minuti al giorno per ridurre lo stress e l'ansia legati all'uso di smartphone."

Monitorare e Valutare il Progresso

Una volta stabiliti gli obiettivi, è importante monitorare il tuo progresso regolarmente. Utilizza app di monitoraggio o un diario per registrare il tempo trascorso online e il tuo livello di successo nel raggiungere gli obiettivi. Valuta anche se gli obiettivi stabiliti sono ancora rilevanti e se è necessario apportare modifiche.

Sii Flessibile e Adattabile

La vita è dinamica, e potrebbero verificarsi cambiamenti o sfide impreviste. Sii flessibile e adattabile nei confronti dei tuoi obiettivi. Se incontri ostacoli o cambiamenti nelle tue circostanze, apporta le modifiche necessarie agli obiettivi in modo da mantenerli realistici e raggiungibili.

Conclusione

Impostare obiettivi chiari è un passo essenziale nel processo di disintossicazione digitale. Gli obiettivi SMART ti aiuteranno a definire obiettivi specifici, misurabili, realizzabili, rilevanti e con un limite di tempo. Una volta stabiliti gli obiettivi, monitora il tuo progresso, sii flessibile e lavora costantemente per raggiungerli. Nel prossimo capitolo, esploreremo come mantenere una vita equilibrata e sostenibile dopo aver raggiunto i tuoi obiettivi di disintossicazione digitale.

CAPITOLO 9: GESTIRE L'ANSIA DA SEPARAZIONE

Nel capitolo precedente, abbiamo esaminato come impostare obiettivi chiari per costruire una vita più equilibrata e meno dipendente dalla tecnologia. Tuttavia, quando cerchiamo di ridurre l'uso dei dispositivi digitali, è comune sperimentare l'ansia da separazione. In questo capitolo, esploreremo questa forma di ansia e forniremo strategie per affrontarla con successo.

L'Ansia da Separazione Digitale

L'ansia da separazione digitale è una reazione emotiva che può insorgere quando ci separiamo dai nostri dispositivi digitali, come smartphone o computer. Questa ansia è spesso accompagnata da una costante necessità di controllare i dispositivi o di essere connessi online. Ecco alcune delle manifestazioni comuni:

Nervosismo: Sentirsi nervosi o agitati quando si è lontani dai dispositivi digitali.

Paura di Perdere Qualcosa: La costante preoccupazione di perdere informazioni importanti o eventi online.

Frustrazione: Diventare facilmente frustrati o irritati quando non è possibile accedere ai dispositivi digitali.

Distrazione: La difficoltà di concentrarsi su attività

senza dispositivi digitali. Isolamento: Sentirsi isolati o

fuori dal loop quando ci si allontana dal mondo online.

Strategie per Gestire l'Ansia da Separazione

Affrontare l'ansia da separazione digitale richiede pazienza e pratica. Tuttavia, è possibile ridurre progressivamente questa ansia e costruire una relazione più sana con la tecnologia. Ecco alcune strategie utili:

Pratica la Consapevolezza: La mindfulness è una tecnica efficace per diventare consapevoli delle tue reazioni e pensieri riguardo all'uso dei dispositivi digitali. Riconosci i momenti in cui sorgono sentimenti di ansia da separazione e cerca di osservarli senza giudizio.

Imposta Limiti di Tempo: Inizia con l'impostazione di limiti di tempo per l'uso dei dispositivi digitali. Ad esempio, dedica 30 minuti al giorno a controllare le e-mail o i social media. Aumenta gradualmente il tempo quando ti senti più a tuo agio.

Crea Zone Libere da Dispositivi: Designa alcune aree della tua casa o del tuo ufficio come "zone libere da dispositivi". Questi spazi possono essere luoghi di ritiro in cui puoi disconnetterti completamente.

Pratica il Distacco Progressivo: Inizia con brevi periodi di separazione dai dispositivi e aumenta gradualmente la durata. Ad esempio, inizia con 15 minuti e aumenta di 5 minuti ogni giorno.

Stabilisci Obiettivi di Attività: Durante i periodi di separazione dai dispositivi, stabilisci obiettivi di attività. Fai una passeggiata, leggi un libro, esercitati o coltiva un hobby per mantenere la mente occupata.

Usa la Tecnologia a Tuo Vantaggio: Sfrutta app e strumenti digitali che ti aiutano a gestire il tempo trascorso online. Ad esempio, utilizza app di blocco per limitare l'accesso ai social media durante le ore di lavoro o di studio.

Coltiva Relazioni Reali: Dedica tempo alle relazioni umane nella vita reale. Pianifica incontri con amici, familiari o colleghi per connetterti senza dispositivi digitali.

Trova Passioni Fuori dalla Tecnologia: Cerca attività o passioni che ti appassionino al di fuori della tecnologia. Coltivare interessi al di fuori del mondo digitale ti darà un senso di realizzazione e soddisfazione.

Parla con un Professionista: Se l'ansia da separazione digitale è intensa e disturba significativamente la tua vita, considera la possibilità di parlare con un professionista della salute mentale. Possono aiutarti a esplorare queste emozioni in modo più approfondito e sviluppare strategie personalizzate.

Conclusione

L'ansia da separazione digitale è una sfida comune nella società moderna, ma può essere gestita con successo. Attraverso la pratica della consapevolezza, l'uso di limiti di tempo, il distacco progressivo e la creazione di spazi liberi da dispositivi, è possibile ridurre questa ansia e rafforzare la tua relazione con la tecnologia. Nel prossimo capitolo, esploreremo come mantenere un equilibrio digitale sano e sostenibile a lungo termine.

CAPITOLO 10: RIPRISTINARE LE RELAZIONI INTERPERSONALI

Nel capitolo precedente, abbiamo esaminato come affrontare l'ansia da separazione e gestire il processo di disintossicazione digitale. Adesso è il momento di esplorare come possiamo ripristinare e migliorare le relazioni interpersonali quando smettiamo di essere costantemente immersi nei social media. Questo capitolo si concentra su come coltivare connessioni significative con gli altri nella nostra vita reale.

L'Impatto delle Relazioni Interpersonali

Le relazioni interpersonali sono fondamentali per il nostro benessere emotivo e psicologico. Possono portare gioia, sostegno emotivo e senso di appartenenza. Tuttavia, l'uso eccessivo di smartphone e social media può mettere a dura prova queste relazioni, portando a una connettività superficiale e disconnessa.

Coltivare Relazioni Significative

Il ripristino delle relazioni interpersonali richiede un impegno attivo e una consapevolezza delle dinamiche che le influenzano. Ecco alcune strategie per coltivare relazioni più significative:

Tempo di Qualità: Dedica tempo di qualità alle relazioni. Questo significa essere presenti nel momento, ascoltare attentamente e condividere esperienze significative con gli altri.

Comunicazione Autentica: Sii aperto e onesto nelle tue comunicazioni. Parla dei tuoi pensieri e sentimenti in modo sincero e incoraggia gli altri a fare lo stesso.

Sostegno Emotivo: Offri sostegno emotivo quando le persone di cui ti fidi ne hanno bisogno. Mostra empatia e compassione.

Lascia Spazio per il Conflitto: Le relazioni possono comportare conflitti. Accetta che il conflitto sia normale e impara a gestirlo in modo costruttivo invece di evitare i confronti.

Stabilisci Confini Sani: Imposta confini sani nelle tue relazioni. Questo può includere il rispetto dei bisogni personali e la gestione delle aspettative.

Fai Attività Insieme: Partecipa ad attività condivise con gli altri. Questo può rafforzare i legami e creare ricordi significativi.

Connettività Reale vs. Connessione Digitale

È importante riconoscere la differenza tra la connettività reale e la connessione digitale. Le interazioni online possono essere superficiali e non sostituire l'importanza delle relazioni faccia a faccia. Concentrati sulla costruzione di connessioni reali con le persone che ti circondano.

Ridurre le Distrazioni Digitali

Per ripristinare le relazioni interpersonali, è necessario ridurre le distrazioni digitali. Imposta regole personali per limitare l'uso dei dispositivi durante le interazioni sociali. Ad esempio, potresti decidere di mettere il telefono in modalità silenziosa o di lasciarlo in un'altra stanza durante le cene con amici o familiari.

Partecipare a Eventi Sociali

Partecipare a eventi sociali nella tua comunità è un ottimo modo per connettersi con gli altri. Iscriviti a gruppi di interesse, partecipa a incontri locali o organizza attività con amici e familiari. Queste esperienze offrono opportunità per interagire, condividere interessi e costruire relazioni significative.

Promuovere il Supporto Reciproco

Le relazioni significative coinvolgono il supporto reciproco. Cerca modi per sostenere gli altri e fatti sostenere quando ne hai bisogno. Le relazioni che si basano sulla reciprocità sono spesso le più gratificanti.

Essere Presenti nei Momenti Speciali

Quando condividi momenti speciali con gli altri, cerca di essere pienamente presente. Rallenta, goditi il momento e crea ricordi significativi insieme.

Chiedere Feedback

Chiedere feedback agli altri può aiutare a migliorare le tue relazioni. Chiedi agli amici o ai familiari come percepiscono la tua presenza nelle interazioni sociali e cosa potresti fare per migliorare.

Conclusione

Le relazioni interpersonali sono fondamentali per la nostra salute mentale e il nostro benessere. Quando riusciamo a ripristinare e migliorare queste relazioni dopo aver affrontato la dipendenza digitale, possiamo sperimentare una vita più ricca e soddisfacente. Nel prossimo capitolo, esploreremo come mantenere un equilibrio digitale sano e sostenibile nel lungo termine per garantire che le nostre relazioni continuino a prosperare.

CAPITOLO 11:
L'ARTE DEL TEMPO DI QUALITÀ

Nel capitolo precedente, abbiamo esaminato come ripristinare e migliorare le relazioni interpersonali una volta affrontata la dipendenza digitale. Ora è il momento di esplorare "l'arte del tempo di qualità" - la capacità di ritagliare momenti preziosi per noi stessi e per le attività che ci appassionano, senza l'ingombro costante dello smartphone. Questo capitolo ti guiderà attraverso il processo di creazione di spazi per il benessere e il piacere nella tua vita quotidiana.

Comprendere il Tempo di Qualità

Il tempo di qualità è un momento dedicato a te stesso o alle attività che ti portano gioia e soddisfazione. È un'opportunità per staccare la spina dalla frenesia quotidiana e connetterti più profondamente con te stesso o con le passioni che alimentano la tua anima.

Identificare le Priorità

La prima sfida nell'arte del tempo di qualità è identificare le tue priorità. Cosa ti rende davvero felice? Cosa vorresti fare di più nella vita? Prenditi del tempo per riflettere su queste domande e identificare le attività che portano valore alla tua vita.

Creare Spazi per il Tempo di Qualità

Una volta identificate le tue priorità, il passo successivo è creare spazi per il tempo di qualità. Questi spazi possono variare in base alle tue preferenze, ma ecco alcune idee:

Tempo per la Riflessione: Dedica del tempo ogni giorno per la riflessione e la consapevolezza. Puoi praticare la meditazione, tenere un diario o fare una passeggiata tranquilla.

Tempo per gli Hobby: Riprendi o scopri nuovi hobby che ti appassionano. Potrebbe essere la pittura, la musica, la cucina o qualsiasi altra attività creativa.

Tempo per la Natura: Trascorri del tempo all'aperto, in contatto con la natura. Camminare, fare trekking o semplicemente rilassarsi in un parco possono essere modi eccellenti per rigenerarsi.

Tempo di Qualità con le Persone: Dedica tempo di qualità alle persone che ami. Organizza serate speciali con amici o familiari, in cui metti da parte i dispositivi e ti dedichi completamente alla loro compagnia.

Tempo per l'Apprendimento: Investi in te stesso attraverso l'apprendimento. Puoi frequentare corsi, leggere libri o seguire webinar su argomenti che ti interessano.

Limitare le Distrazioni Digitali

Per sperimentare il vero tempo di qualità, è essenziale limitare le distrazioni digitali. Ecco alcune strategie per farlo:

Modalità "Non Disturbare": Usa la modalità "Non Disturbare" o metti il telefono in modalità silenziosa durante i tuoi momenti di tempo di qualità.

Disintossicazione Digitale Programmata: Stabilisci regole personali per disintossicarti digitalmente durante il tempo di qualità. Ad esempio, evita di controllare il telefono per un'ora prima di andare a dormire.

Lontano dagli Schermi: Limita l'uso dei dispositivi digitali durante il tempo di qualità. Mantieni il telefono e altri dispositivi fuori dalla vista o in un'altra stanza se possibile.

Comunicazione Chiara: Comunica chiaramente ai tuoi amici e familiari che stai cercando di creare spazi per il tempo di qualità e che vorresti evitare distrazioni digitali durante questi momenti.

Fissa Appuntamenti con Te Stesso: Tratta il tuo tempo di qualità con la stessa importanza degli appuntamenti o degli impegni di lavoro. Fissa un orario specifico per il tuo tempo di qualità e rispettalo.

Vivi il Momento Presente

Durante il tempo di qualità, concentrati sul momento presente. Lascia da parte le preoccupazioni e le distrazioni mentali e immergiti completamente nelle attività che stai svolgendo o nei pensieri che stai esplorando.

Conclusione

L'arte del tempo di qualità è un modo potente per migliorare la qualità della tua vita e costruire una relazione più sana con la tecnologia. Identificando le tue priorità e creando spazi dedicati al tempo di qualità, puoi sperimentare una maggiore soddisfazione e realizzazione personale. Nel prossimo capitolo, esploreremo come mantenere un equilibrio digitale sano nel lungo termine per assicurarci che il tempo di qualità continui a essere una parte significativa della nostra vita.

CAPITOLO 12: LA TECNOLOGIA AL SERVIZIO DELLA VITA

Nel capitolo precedente, abbiamo esplorato l'importanza dell'arte del tempo di qualità e come ritagliare momenti preziosi per noi stessi e le attività che ci appassionano. In questo capitolo, approfondiremo il concetto di "tecnologia al servizio della vita" e come possiamo usare la tecnologia in modo saggio per migliorare la nostra vita invece di permettere che essa la domini.

Rivedere il Nostro Rapporto con la Tecnologia

Prima di imparare a mettere la tecnologia al servizio della vita, è importante rivedere il nostro rapporto con essa. Spesso, ci troviamo in una posizione di dipendenza o di uso eccessivo della tecnologia, che può avere un impatto negativo sulla nostra salute mentale, fisica e relazionale.

Definire i Nostri Obiettivi Tecnologici

Il passo cruciale per mettere la tecnologia al servizio della vita è definire chiaramente i nostri obiettivi tecnologici. Cosa vogliamo ottenere dall'uso della tecnologia? Quali sono le aree della nostra vita che vogliamo migliorare? Ecco alcune categorie comuni:

Produttività: Utilizzare la tecnologia per diventare più efficienti e organizzati nelle attività quotidiane.

Apprendimento: Sfruttare le risorse online per acquisire

nuove conoscenze e competenze. Comunicazione: Mantenere connessioni significative con gli altri attraverso la tecnologia. Salute e Benessere: Utilizzare dispositivi e app per migliorare la salute fisica e mentale.

Svago e Intrattenimento: Usare la tecnologia per relax e intrattenimento. Strategie per Mettere la Tecnologia al Servizio della Vita

Una volta che hai definito i tuoi obiettivi tecnologici, puoi adottare alcune strategie per raggiungerli in modo saggio:

Scelta Consapevole: Prima di utilizzare una nuova app o dispositivo, chiediti se è davvero in linea con i tuoi obiettivi tecnologici. Se non lo è, potresti volerlo evitare o limitarne l'uso.

Limiti di Tempo: Imposta limiti di tempo per l'uso di app o dispositivi specifici. Ad esempio, puoi decidere di trascorrere solo 30 minuti al giorno sui social media.

Disintossicazione Digitale Periodica: Prenditi del tempo per disintossicarti digitalmente periodicamente. Questo potrebbe significare un fine settimana senza dispositivi o una settimana lontano dai social media.

Utilizzo Significativo: Usa la tecnologia in modo significativo. Ad esempio, invece di scorrere passivamente i social media, cerca contenuti educativi o ispiratori.

App per la Produttività: Sfrutta app e strumenti digitali che ti aiutano a diventare più produttivo e organizzato nella tua vita quotidiana.

Monitoraggio dell'Uso: Utilizza app di monitoraggio per tenere traccia del tempo trascorso online e valutare se sei in linea con i tuoi obiettivi tecnologici.

Bilanciare il Digitale con il Reale: Assicurati di bilanciare il tempo trascorso online con attività nel mondo reale che sono importanti per te, come passare del tempo con la famiglia o dedicarti a hobby.

Favorire il Benessere Mentale

La tecnologia può anche essere un alleato per il benessere mentale. Ci sono app e servizi online che offrono supporto per la mindfulness, la gestione dello stress e la salute mentale. Utilizzare queste risorse può essere un modo efficace per promuovere il benessere psicologico.

Promuovere l'Apprendimento Continuo

La tecnologia offre un accesso illimitato a risorse di apprendimento. Sfruttalo per acquisire nuove competenze, leggere libri digitali, frequentare corsi online o partecipare a webinar su argomenti che ti interessano. L'istruzione continua può arricchire la tua vita e ampliare le tue opportunità.

Conclusione

Mettere la tecnologia al servizio della vita è un approccio che ci permette di utilizzare in modo consapevole la tecnologia per migliorare la nostra esistenza. Definendo chiaramente i nostri obiettivi tecnologici e adottando strategie che sostengono tali obiettivi, possiamo trovare un equilibrio tra la tecnologia e la vita reale, sfruttando appieno il potenziale positivo della tecnologia per il nostro benessere e la nostra realizzazione personale. In questo modo, possiamo vivere una vita soddisfacente e significativa nell'era digitale.

CAPITOLO 13: LE ABITUDINI DI SUCCESSO

Nel corso di questo libro, abbiamo esaminato dettagliatamente la dipendenza dagli smartphone e dai social media, esplorando come riconoscerla, affrontarla e recuperare una vita più sana e soddisfacente. In questo capitolo finale, esploreremo le abitudini di coloro che sono riusciti a liberarsi dalla dipendenza digitale e a creare una vita equilibrata e appagante. Cercheremo di apprendere da queste persone e di applicare le loro strategie di successo nella nostra vita quotidiana.

Il Potere delle Abitudini

Le abitudini giocano un ruolo fondamentale nel plasmare la nostra vita. Possono essere forze potenti che ci spingono verso il successo o ci trascinano nella mediocrità. La buona notizia è che le abitudini possono essere modificate e sostituite con abitudini più positive e costruttive.

Le Abitudini di Chi è Riuscito a Liberarsi dalla Dipendenza Digitale

Coloro che hanno superato la dipendenza dagli smartphone e dai social media spesso condividono abitudini comuni che li hanno aiutati nel loro percorso. Ecco alcune di queste abitudini di successo:

Autoconsapevolezza: Il primo passo è diventare consapevoli della propria dipendenza e dei suoi effetti negativi sulla vita. Coloro che hanno successo nella disintossicazione digitale sono onesti con sé stessi e riconoscono la necessità di un cambiamento.

Obiettivi Chiari: Stabiliscono obiettivi chiari per il cambiamento. Questi obiettivi sono specifici, misurabili, realistici e limitati nel tempo (SMART). Questa chiarezza dà direzione al loro impegno.

Piano di Azione: Sviluppano un piano di azione dettagliato per raggiungere i loro obiettivi. Questo piano comprende strategie concrete per ridurre l'uso di smartphone e social media.

Sostituzione delle Abitudini: Sostituiscono le abitudini legate agli smartphone con attività più sane e gratificanti. Questo può includere leggere un libro, praticare uno sport, meditare o passare del tempo con la famiglia e gli amici.

Limiti di Tempo: Impostano limiti di tempo per l'uso di smartphone e social media. Questi limiti aiutano a prevenire il ritorno alle vecchie abitudini.

Monitoraggio dell'Uso: Tengono traccia del tempo trascorso online utilizzando app di monitoraggio. Questo fornisce dati concreti sulla loro attività digitale e li aiuta a rimanere responsabili.

Supporto Sociale: Cercano supporto sociale da amici, familiari o gruppi di sostegno. Condividere la propria lotta con altri può essere molto motivante.

Distacco Periodico: Praticano il distacco periodico dai dispositivi digitali, come weekend senza smartphone o vacanze digitali. Questi momenti di pausa aiutano a rafforzare la dipendenza digitale.

Rinforzo Positivo: Si premiano per il raggiungimento dei propri obiettivi. Questo rinforza il comportamento desiderato e rafforza la motivazione.

Come Implementare le Abitudini di Successo nella Tua Vita

Ora che hai una comprensione delle abitudini che portano al successo nella disintossicazione digitale, ecco come puoi implementarle nella tua vita:

Autoconsapevolezza: Inizia con l'autovalutazione sincera.

Riconosci la tua dipendenza e il suo impatto sulla tua vita.

Obiettivi Chiari: Stabilisci obiettivi specifici per ridurre l'uso di smartphone e social media nella tua vita. Assicurati che siano realistici e limitati nel tempo.

Piano di Azione: Sviluppa un piano di azione dettagliato che includa le tue strategie per il cambiamento. Scrivi il tuo piano e tienilo a portata di mano.

Sostituzione delle Abitudini: Identifica le attività che sostituiranno l'uso eccessivo di dispositivi digitali. Programma queste attività nel tuo giorno.

Limiti di Tempo: Imposta limiti di tempo per l'uso di smartphone e social media. Utilizza app di monitoraggio per aiutarti a rispettare questi limiti.

Supporto Sociale: Parla con amici o familiari della tua decisione di cambiare le tue abitudini digitali. Chiedi loro di sostenerti.

Distacco Periodico: Pianifica momenti di distacco periodico dai dispositivi digitali. Questi intervalli ti permetteranno di rafforzare la tua determinazione.

Rinforzo Positivo: Celebra i tuoi successi nel raggiungere gli obiettivi. Riconosci i progressi e premi te stesso.

Conclusione

La dipendenza dagli smartphone e dai social media è una sfida significativa nell'era digitale, ma è possibile superarla e creare una vita più sana e soddisfacente. Le abitudini di successo delle persone che sono riuscite a liberarsi dalla dipendenza digitale forniscono un modello efficace per il cambiamento. Utilizzando queste abitudini come guida e adattandole alle tue esigenze personali, puoi intraprendere il percorso verso una vita equilibrata e significativa, in cui la tecnologia è al tuo servizio anziché al contrario.

CAPITOLO 14: RESISTERE ALLE TENTAZIONI DIGITALI

Nel percorso verso una vita equilibrata e consapevole nell'era digitale, una delle sfide principali è resistere alle tentazioni digitali. Questo capitolo esplorerà in dettaglio come puoi sviluppare la forza di volontà e adottare strategie pratiche per evitare le insidie digitali che possono sabotare i tuoi sforzi per rimanere libero dalla dipendenza dagli smartphone e dai social media.

Le Tentazioni Digitali: Una Realtà Ubiqua

Le tentazioni digitali sono ovunque. Ogni giorno, siamo bombardati da notifiche, messaggi, video, foto e altro ancora, tutti progettati per attirare la nostra attenzione e mantenerci connessi alle piattaforme digitali. Queste tentazioni possono essere irresistibili, ma possiamo imparare a resistere.

Sviluppare la Forza di Volontà

La forza di volontà è come un muscolo: più la eserciti, più diventa forte. Ecco come puoi sviluppare la tua forza di volontà per resistere alle tentazioni digitali:

Consapevolezza: Prima di poter resistere alle tentazioni, devi essere consapevole di esse. Tieni traccia delle situazioni o dei momenti in cui cedi all'uso eccessivo di smartphone o social media.

Riconoscimento dei Trigger: Identifica i trigger che scatenano il desiderio di utilizzare dispositivi digitali in modo eccessivo. Questi trigger possono essere situazioni di stress, noia, solitudine o anche semplicemente la presenza del tuo smartphone.

Piano di Azione: Prepara un piano d'azione per affrontare i trigger. Ad esempio, se lo stress è un trigger, sviluppa strategie per gestire lo stress in modi sani, come la meditazione o l'esercizio fisico.

Limiti Chiari: Imposta limiti chiari per l'uso di smartphone e social media. Stabilisci regole personali, come evitare l'uso di dispositivi per un'ora prima di andare a letto.

Distacco Periodico: Pianifica momenti di distacco periodico dai dispositivi digitali. Questi momenti ti aiuteranno a rafforzare la tua forza di volontà.

Strategie per Resistere alle Tentazioni Digitali

Oltre a sviluppare la forza di volontà, puoi adottare alcune strategie pratiche per resistere alle tentazioni digitali:

Imposta Notifiche Limitate: Riduci al minimo le notifiche sul tuo smartphone. Limita solo quelle essenziali, come messaggi di lavoro o comunicazioni urgenti.

Rimuovi App Distrattive: Elimina le app che ti distraggono o ti portano a perdere tempo inutilmente. Mantieni solo le app che supportano i tuoi obiettivi tecnologici.

Crea Zone Senza Dispositivi: Designa zone nella tua casa o nel tuo luogo di lavoro come "zone senza dispositivi", dove eviti l'uso di smartphone.

Scorciatoie per Disattivare App: Imposta scorciatoie o app di blocco che ti consentono di disattivare temporaneamente le app che ti distraggono.

Regola i Tempi di Accesso: Imposta orari specifici per accedere a smartphone e social media. Ad esempio, concediti 15 minuti al mattino e 15 minuti alla sera.

Sostituisci le Abitudini: Quando senti il desiderio di utilizzare il tuo smartphone in modo eccessivo, cerca di sostituire quell'azione con un'attività più sana o gratificante.

Supporto Sociale: Parla con amici o familiari delle tue sfide e chiedi il loro supporto. A volte, il semplice fatto di condividere le tue lotte può essere di grande aiuto.

App di Monitoraggio: Utilizza app di monitoraggio per tenere traccia del tuo tempo trascorso online. Questi dati possono essere un potente incentivo per mantenere la disciplina.

La Ricaduta è Normale

È importante comprendere che la ricaduta è una parte normale del processo di recupero dalla dipendenza digitale. Se cedi alla tentazione, non ti sentire in colpa. Usa questa esperienza come opportunità per imparare e migliorare le tue strategie di resistenza.

Conclusione

Resistere alle tentazioni digitali richiede tempo, pratica e perseveranza, ma è assolutamente possibile. Sviluppando la forza di volontà, identificando i trigger e adottando strategie pratiche, puoi costruire una vita equilibrata e consapevole nell'era digitale. Ricorda che il processo di miglioramento è un percorso continuo, e le ricadute sono parte del percorso. L'importante è continuare a impegnarti nel tuo obiettivo di vivere una vita più sana e significativa.

CAPITOLO 15: MANTENERE IL PROGRESSO

Hai compiuto un lungo viaggio per liberarti dalla dipendenza dagli smartphone e dai social media. Hai imparato a riconoscere i sintomi, a comprendere la scienza dietro questa dipendenza, a sviluppare abitudini di successo e a resistere alle tentazioni digitali. Ora, nel capitolo finale, esploreremo come mantenere il progresso raggiunto e come affrontare le sfide che potrebbero minacciarlo.

La Sostenibilità del Cambiamento

Il cambiamento sostenibile è la chiave per mantenere il progresso a lungo termine. Ecco alcune strategie per garantire che il tuo successo nella lotta contro la dipendenza digitale sia duraturo:

Consistenza: Continua a praticare le abitudini di successo che hai sviluppato nel corso del tuo percorso. La coerenza è essenziale per mantenere il progresso.

Revisione Periodica: Fai revisioni periodiche del tuo comportamento digitale. Chiediti se stai seguendo i tuoi obiettivi tecnologici e se ci sono aree in cui potresti migliorare.

Regole Chiare: Mantieni regole chiare per te stesso sull'uso di smartphone e social media. Queste regole fungono da linee guida per il tuo comportamento digitale.

Adattabilità: Sii disposto a modificare le tue strategie se scopri che alcune non funzionano più per te. L'adattabilità è una parte importante del mantenimento del cambiamento.

Rinforzo Positivo: Continua a premiarti per il mantenimento del progresso. Riconosci i tuoi successi e congratulati con te stesso per i tuoi sforzi.

Affrontare le Ricadute

Anche se cerchiamo di evitarle, le ricadute possono verificarsi. Non devi considerarle come un fallimento, ma come una parte normale del processo di cambiamento. Ecco come affrontarle in modo costruttivo:

Sii Gentile con Te Stesso: Non ti auto-castigare per una ricaduta. Accetta che sia accaduta e trattala come un'opportunità di apprendimento.

Identifica le Cause: Cerca di comprendere cosa ha scatenato la ricaduta. Era uno stress particolare? Una situazione sociale? Questa comprensione può aiutarti a prevenire future ricadute.

Torna al Piano di Azione: Ritorna al tuo piano di azione e alle strategie che hai sviluppato. Usa ciò che hai imparato dalla ricaduta per rendere il tuo piano più efficace.

Chiedi Supporto: Non esitare a chiedere supporto da parte di amici, familiari o professionisti se senti di aver bisogno di aiuto per affrontare una ricaduta.

Gestire Situazioni Difficili

Ci saranno situazioni nella vita in cui sarai esposto a maggiori tentazioni digitali o sfide nel mantenere il tuo progresso. Ecco alcune strategie per gestire queste situazioni difficili:

Situazioni Sociali: In situazioni sociali in cui gli altri sono impegnati con i loro dispositivi digitali, cerca di comunicare apertamente le tue intenzioni di limitare l'uso del telefono durante l'evento.

Stress: Per gestire lo stress senza ricorrere ai dispositivi digitali, scopri tecniche di rilassamento come la meditazione o l'esercizio fisico.

Noia: Quando sperimenti la noia, invece di scorrere passivamente i social media, cerca di dedicarti a un hobby o a un'attività che ti appassiona.

Frustrazione: Se incontri problemi tecnici o sfide online, cerca di affrontarli in modo calmo e razionale invece di reagire impulsivamente.

Conflitti Relazionali: In situazioni di conflitto con gli altri online, ricorda l'importanza della comunicazione rispettosa e evita risposte impulsive.

Conclusione

Mantenere il progresso nella lotta contro la dipendenza digitale è un impegno continuo, ma è possibile. La chiave è la coerenza e la consapevolezza. Continua a praticare le abitudini di successo che hai sviluppato, adatta il tuo approccio alle sfide che incontri e non farti scoraggiare dalle ricadute occasionali. Ricorda che il tuo obiettivo è una vita più sana e significativa, e ogni passo che fai verso questo obiettivo è un successo. Con il tempo, il progresso diventerà la tua nuova normalità, e il tuo rapporto con la tecnologia si trasformerà in uno più saggio e bilanciato.

CAPITOLO 16:
UNA VITA LIBERA
DA SMARTPHONE
E SOCIAL

Hai raggiunto un traguardo significativo nel tuo percorso di liberazione dalla dipendenza dagli smartphone e dai social media. In questo capitolo finale, esploreremo i benefici straordinari di una vita libera dalla dipendenza digitale, celebrando il successo di coloro che hanno intrapreso questo viaggio e sono riusciti a riconquistare la loro vita.

I Benefici di una Vita Libera dalla Dipendenza Digitale

Mentre attraversiamo il processo di liberarci dalla dipendenza dagli smartphone e dai social media, scopriamo una serie di benefici che arricchiscono la nostra vita in modi sorprendenti. Ecco alcuni dei benefici più significativi:

Maggiore Presenza: Senza l'incessante richiamo dei dispositivi digitali, diventiamo più presenti nei momenti che contano veramente. Possiamo goderci le conversazioni, le esperienze e le bellezze della vita senza distrazioni.

Migliore Salute Mentale: Ridurre l'uso di smartphone e social media è spesso associato a una migliorata salute mentale. Riducendo la comparazione sociale e il bombardamento di notizie negative, troviamo maggiore serenità e soddisfazione.

Migliore Salute Fisica: Una vita meno sedentaria si traduce spesso in una migliore salute fisica. Quando riduciamo il tempo trascorso al telefono, abbiamo più opportunità per l'attività fisica e lo svago all'aria aperta.

Migliori Relazioni: Le nostre relazioni interpersonali migliorano quando smettiamo di essere costantemente immersi nei social media. Passiamo più tempo di qualità con amici e familiari, creando legami più forti.

Sviluppo Personale: La liberazione dalla dipendenza digitale ci apre a nuove opportunità di sviluppo personale. Possiamo dedicare tempo a hobby, interessi o obiettivi di apprendimento che avevamo trascurato in passato.

Maggiore Produttività: Riducendo le distrazioni digitali, diventiamo più produttivi e organizzati nel lavoro e nelle attività quotidiane.

Creatività: Con meno tempo trascorso sui social media, liberiamo la mente per la creatività. Possiamo trovare nuove ispirazioni e perseguire progetti creativi.

Soddisfazione Personale: La sensazione di controllare la tua vita digitale invece che essere controllato da essa porta a una maggiore soddisfazione personale e senso di realizzazione.

Celebrazione dei Lettori di Successo

In questo libro, abbiamo condiviso storie, strategie e consigli per aiutarti a liberarti dalla dipendenza digitale. Ora è il momento di celebrare il tuo successo e quello di tutti i lettori che hanno intrapreso questo viaggio e hanno raggiunto la libertà dai dispositivi digitali.

Ecco alcune storie di lettori di successo:

Maria, 34 anni, Insegnante: Maria era solita passare ore sui social media, trascurando il tempo con la sua famiglia e il suo lavoro. Dopo aver letto questo libro, ha iniziato a implementare le strategie discusse e ha ripristinato il suo rapporto con i suoi cari. Ha anche scoperto un nuovo interesse per la fotografia e ha iniziato a catturare momenti preziosi nella vita reale invece di guardarli attraverso uno schermo.

Antonio, 28 anni, Imprenditore: Antonio era costantemente in balia di notifiche e e-mail. Questo aveva un impatto negativo sulla sua produttività e sulla sua salute mentale. Dopo aver letto il libro, ha impostato limiti di tempo rigorosi per l'uso del suo smartphone durante le ore di lavoro e ha scoperto che aveva più tempo per concentrarsi sui suoi progetti aziendali. La sua salute mentale è migliorata notevolmente.

Elena, 42 anni, Psicologa: Elena utilizzava i social media come mezzo per connettersi con i suoi pazienti, ma si è resa conto che stava diventando una fonte di stress e confronto costante. Dopo aver applicato le strategie discusse nel libro, ha trovato un equilibrio sano tra il suo lavoro e il suo tempo personale, migliorando la qualità delle sue sessioni di consulenza e della sua vita personale.

Ricorda che ognuno di noi ha una storia diversa e che il successo può manifestarsi in modi unici per ciascuno. Il fatto che tu abbia intrapreso questo viaggio e abbia raggiunto questo punto è un motivo di celebrazione in sé.

La Continua Cura di Te Stesso e del Tuo Progresso

La vita libera dalla dipendenza digitale è un dono prezioso, ma richiede attenzione continua. Mantieni la tua forza di volontà e la tua consapevolezza, adatta le tue strategie alle sfide che incontri e ricorda sempre i benefici straordinari che derivano dalla tua decisione di liberarti dalla dipendenza digitale.

Conclusioni Finali

La dipendenza dagli smartphone e dai social media è diventata una sfida pervasiva nell'era digitale. Questo libro è stato scritto con l'obiettivo di offrire conoscenze, strategie e motivazione per aiutarti a riconquistare il controllo della tua vita digitale e vivere in modo più consapevole e soddisfacente. Speriamo che le informazioni e le storie condivise qui ti abbiano ispirato e ti abbiano guidato verso una vita libera dalla dipendenza digitale.

Ricorda sempre che sei il protagonista della tua storia e hai il potere di creare una vita che rifletta i tuoi valori e le tue aspirazioni. Che tu stia appena iniziando il tuo viaggio o che tu abbia già fatto progressi significativi, la strada verso una vita libera dai dispositivi digitali è una ricerca preziosa e continua. Avanti con determinazione, consapevolezza e gratitudine per le infinite possibilità che la vita offre quando scegli di vivere nel momento presente.

CAPITOLO 17:
OPINIONI PERSONALI ED IDEE ORIGINALI PER RISOLVERE IL PROBLEMA

In questo capitolo, prendiamo una pausa dalla struttura tradizionale del libro per esplorare alcune opinioni personali e idee originali sulla dipendenza digitale e su come affrontarla in modo più ampio. Questo capitolo non segue un formato specifico, ma piuttosto offre uno spazio per la riflessione e la condivisione di idee che vanno al di là delle soluzioni tradizionali.

L'Approccio Multifattoriale

Una delle opinioni personali fondamentali è che la dipendenza digitale è un problema complesso che richiede un approccio multifattoriale. Non c'è una soluzione unica adatta a tutti, perché le cause e le sfumature della dipendenza digitale variano da individuo a individuo. Tuttavia, esplorare una varietà di strategie e approcci può essere estremamente utile.

Un approccio multifattoriale potrebbe includere:

Consapevolezza Personale: Il primo passo è sempre la consapevolezza. Ognuno di noi dovrebbe esaminare attentamente il proprio rapporto con la tecnologia e riconoscere se esiste una dipendenza. Questo può richiedere una profonda auto-riflessione e onestà.

Supporto Sociale: Coinvolgere amici e familiari può essere un elemento chiave per affrontare la dipendenza digitale. Le relazioni significative possono fornire sostegno emotivo e motivazione per il cambiamento.

Assistenza Professionale: In alcuni casi, può essere necessaria l'assistenza di un professionista della salute mentale specializzato nella dipendenza digitale. Questi esperti possono fornire una guida personalizzata e strategie terapeutiche.

Educazione: L'educazione continua sulla dipendenza digitale e sui suoi effetti è cruciale. Le scuole, le aziende e le comunità dovrebbero investire nella formazione per aumentare la consapevolezza e fornire strumenti per affrontare il problema.

Nuove Tecnologie per il Monitoraggio e il Controllo

Un'idea intrigante è l'uso delle nuove tecnologie per monitorare e controllare l'uso degli smartphone e dei social media. Queste tecnologie potrebbero includere app di monitoraggio che tengono traccia del tempo trascorso sugli schermi e forniscono feedback in tempo reale. Tali app possono anche consentire ai genitori di impostare limiti per i loro figli e offrire funzionalità di blocco temporaneo.

Inoltre, potrebbero essere sviluppate soluzioni tecnologiche più avanzate, come dispositivi indossabili in grado di rilevare l'uso eccessivo degli smartphone e fornire avvisi. Questi strumenti potrebbero essere utili per coloro che desiderano un aiuto tangibile nel monitorare e ridurre il proprio utilizzo.

Educazione Finanziaria Digitale

Un aspetto spesso trascurato della dipendenza digitale è l'aspetto finanziario. Molte persone spendono ingenti quantità di denaro in app, giochi e abbonamenti online, spesso senza rendersene conto. Un'idea potrebbe essere l'introduzione dell'educazione finanziaria digitale nelle scuole e nelle comunità.

L'educazione finanziaria digitale potrebbe insegnare agli

individui come gestire i loro soldi online, come riconoscere truffe e come prendere decisioni finanziarie informate quando si tratta di acquisti digitali. Questo tipo di istruzione potrebbe contribuire a ridurre le conseguenze finanziarie negative della dipendenza digitale.

Ricerca Continua e Coinvolgimento della Comunità

Infine, è essenziale sottolineare l'importanza della ricerca continua e del coinvolgimento della comunità nella lotta contro la dipendenza digitale. La tecnologia avanza rapidamente, e nuove sfide e opportunità emergono costantemente.

Le università, le organizzazioni non profit e le aziende dovrebbero collaborare per condurre ricerche approfondite sulla dipendenza digitale e sulle strategie più efficaci per affrontarla. Inoltre, coinvolgere la comunità e promuovere il dialogo aperto è essenziale per combattere la stigmatizzazione associata alla dipendenza digitale.

In conclusione, questo capitolo è un invito a pensare oltre le soluzioni tradizionali e a esplorare nuove idee e approcci nella lotta contro la dipendenza digitale. La dipendenza digitale è una sfida contemporanea complessa, ma con un impegno condiviso, la consapevolezza e l'innovazione, possiamo sperare in un futuro in cui le persone possano godere di una vita digitale equilibrata e significativa.

EPILOGO

Iniziammo questo viaggio con una domanda: quanto controllo abbiamo davvero sulla nostra vita digitale? Ora, mentre ci apprestiamo a concludere questo libro, spero che tu abbia scoperto che hai molto più potere di quanto avessi mai immaginato. Questo epilogo è un momento per riflettere sul tuo percorso, sulle tue conquiste e su ciò che il futuro potrebbe riservarti.

Durante il nostro viaggio attraverso queste pagine, hai esplorato la dipendenza digitale da molti angoli. Hai imparato la scienza che si cela dietro la dipendenza da smartphone e social media, hai riconosciuto i sintomi nella tua vita quotidiana e hai acquisito una serie di strategie per combattere questa dipendenza insidiosa.

Hai ascoltato le storie di persone coraggiose che hanno affrontato la dipendenza digitale e hanno vinto. Questi individui hanno dimostrato che è possibile cambiare, che è possibile liberarsi dalla schiavitù digitale e ritornare a una vita reale più autentica e soddisfacente.

Ti sei impegnato a sostituire le abitudini dannose con comportamenti più sani, a stabilire obiettivi chiari e a gestire l'ansia da separazione dalla tecnologia. Hai anche imparato a mantenere il tuo progresso e a resistere alle tentazioni digitali che possono mettere alla prova la tua determinazione.

Ma cosa succede ora?

Il tuo viaggio non finisce qui; è appena iniziato. Il cambiamento richiede tempo e sforzo costante, ma ora hai gli strumenti per farlo. Spero che tu abbia iniziato a vedere i benefici di una vita meno legata agli schermi e più centrata sulla realtà che ti circonda.

Ricorda, non è necessario rinunciare completamente alla tecnologia. La tecnologia stessa non è il nemico. È come la usiamo che fa la differenza. Puoi trovare un equilibrio saggio, in cui la tecnologia migliora la tua vita invece di dominarla.

Guarda indietro al percorso che hai compiuto e senti orgoglio per ogni passo che hai fatto verso la tua libertà dalla dipendenza digitale. Ma non dimenticare mai che potresti incontrare sfide lungo la strada. Le ricadute possono accadere, ma non devono fermarti. Sono parte del processo di apprendimento e di crescita.

Ora, mentre concludiamo questo viaggio, ti invito a immaginare la tua vita senza la pesante catena della dipendenza digitale. Immagina una vita in cui sei più presente nelle tue relazioni, in cui trascorri il tuo tempo in modo più significativo e in cui raggiungi gli obiettivi che hai stabilito per te stesso.

Spero che tu possa vivere una vita in cui la tecnologia è al tuo servizio, non il contrario. Che possa vivere una vita in cui sei veramente libero di decidere come vuoi trascorrere il tuo tempo, senza l'impedimento costante dello schermo.

Questo libro è stato scritto con l'intento di ispirarti, guidarti e sostenerti in questo viaggio. Ma la chiave per il successo risiede in te. La tua volontà, la tua determinazione e la tua consapevolezza saranno sempre le forze trainanti dietro il cambiamento.

Ti ringrazio per aver intrapreso questo viaggio con me attraverso le parole scritte su queste pagine. La tua presenza qui dimostra il tuo desiderio di una vita migliore e più autentica. Continua a crescere, a imparare e a vivere la tua vita al massimo.

Che il tuo futuro sia luminoso, consapevole e pieno di possibilità.

Con gratitudine e speranza,
Jolanda Lori

POSTFAZIONE

Ora che hai concluso la lettura di "Dipendenza Digitale: Scopri la Tua Via d'Uscita," ti trovi in un luogo diverso da quando hai iniziato. Hai esplorato le sfide della dipendenza digitale, hai acquisito conoscenze preziose e hai ottenuto strumenti pratici per affrontare questa sfida sempre presente nella nostra era digitale.

Questa postfazione è un momento di riflessione su ciò che hai imparato e su come puoi applicare queste conoscenze nella tua vita quotidiana. È anche un'opportunità per condividere alcune considerazioni finali e per esprimere la mia gratitudine per essere stato parte di questo viaggio con te.

Forse ti chiederai cosa succede ora che hai letto questo libro. La risposta è nelle tue mani. Il cambiamento richiede azione, e le azioni che intraprenderai da questo momento in poi saranno fondamentali per il tuo successo nel superare la dipendenza digitale.

Ricorda sempre che sei più forte di quanto pensi. Hai dimostrato la tua volontà di cambiare e di migliorare la tua vita digitale. Questo è un grande passo avanti, ma è solo l'inizio. Il cambiamento richiede impegno costante, auto-riflessione e pazienza.

Puoi iniziare ora. Puoi cominciare a ridurre gradualmente il tempo trascorso davanti allo schermo, a sperimentare il piacere di momenti di vita senza tecnologia e a stabilire obiettivi chiari per te stesso. Puoi resistere alle tentazioni digitali e imparare a gestire l'ansia da separazione in modo sano.

Incoraggia te stesso lungo il percorso. Non preoccuparti se sperimenti ricadute occasionali. Sono parte del processo di apprendimento e di crescita. L'importante è non rinunciare. Continua a spingerti oltre i limiti che hai stabilito per te stesso, perché è lì che inizia la vera trasformazione.

Ora che hai letto questo libro, sei anche parte di una comunità più ampia di individui che lottano contro la dipendenza digitale. Questa comunità può offrirti sostegno, ispirazione e condivisione di esperienze. Non esitare a cercare gruppi di supporto locali o online se desideri condividere il tuo viaggio con altri che condividono le tue sfide.

La dipendenza digitale è una sfida complessa, ma con la giusta guida e l'impegno personale, è possibile superarla. Questo libro è stato scritto con l'obiettivo di offrirti quella guida, ma il tuo impegno è il motore principale del cambiamento.

Ti ringrazio di cuore per aver scelto di intraprendere questo viaggio con me attraverso queste pagine. La tua determinazione e la tua ricerca di una vita più equilibrata e significativa sono fonte di ispirazione. Spero che tu possa continuare il tuo viaggio con il cuore aperto, pronto a sperimentare il meglio che la vita reale ha da offrire.

Con gratitudine e con la speranza che la tua via d'uscita sia piena di soddisfazione e realizzazione,
Jolanda Lori

RINGRAZIAMENTO

Mentre chiudo queste pagine, desidero esprimere profondi ringraziamenti a tutti voi, cari lettori, che avete scelto di intraprendere questo viaggio con me attraverso "Dipendenza Digitale: Scopri la Tua Via d'Uscita." Siete stati i compagni di viaggio più preziosi, e senza di voi questo libro non avrebbe significato nulla.

Ringrazio innanzitutto coloro che si sono sentiti chiamati a leggere queste pagine perché stanno cercando una via d'uscita dalla dipendenza digitale. Il vostro desiderio di cambiare e migliorare la vostra vita digitale è una fonte costante di ispirazione. Vi auguro tutta la determinazione e il successo possibili nel vostro percorso di cambiamento.

Un ringraziamento speciale va a coloro che hanno condiviso le proprie storie e le proprie esperienze personali di lotta contro la dipendenza digitale. Le vostre testimonianze sono un faro di speranza per chiunque stia affrontando questa sfida. La vostra coraggio e la vostra trasparenza sono un esempio di forza interiore.

Ringrazio anche le persone care che hanno sostenuto i lettori durante questo viaggio. I familiari, gli amici e gli amati sono spesso una parte fondamentale del percorso di recupero dalla dipendenza digitale. La vostra comprensione, il vostro sostegno e la vostra pazienza non passano inosservati.

Desidero ringraziare i professionisti della salute mentale, i consulenti e gli esperti che lavorano instancabilmente per aiutare coloro che lottano contro la dipendenza digitale. Il vostro contributo alla salute mentale e al benessere di molte persone è inestimabile.

Un ringraziamento speciale va a coloro che hanno contribuito direttamente alla creazione di questo libro. Ai redattori, ai revisori e a tutti coloro che hanno lavorato dietro le quinte per portare queste parole alla luce, il mio profondo apprezzamento. Il vostro impegno nella realizzazione di questo progetto è stato eccezionale.

Infine, voglio ringraziare la mia famiglia e i miei amici, che mi hanno sostenuto in questo viaggio di scrittura e di esplorazione della dipendenza digitale. Il vostro amore, il vostro incoraggiamento e la vostra comprensione sono stati il mio sostegno costante.

Spero che questo libro sia stato un compagno utile nel vostro viaggio verso una vita più equilibrata e consapevole. Che possiate continuare a esplorare, a crescere e a vivere le vostre vite con una nuova consapevolezza.

Con profonda gratitudine e affetto,
Jolanda Lori

INFORMAZIONI SULL'AUTORE

Jolanda Lori

Jolanda Lori è una scrittrice e psicologa clinica italiana, nota per il suo lavoro sul tema del ghosting nelle relazioni interpersonali. Nata a Roma, ha conseguito la laurea in psicologia presso l'Università degli Studi di Roma "La Sapienza" e successivamente un dottorato di ricerca presso l'Università di Padova, specializzandosi in psicologia clinica e psicoterapia.

Dopo aver lavorato come psicologa clinica in varie strutture pubbliche e private, ha deciso di concentrarsi sulla scrittura e sulla divulgazione della sua esperienza professionale attraverso libri e articoli. Il suo lavoro si concentra principalmente sul tema del ghosting nelle relazioni interpersonali, con l'obiettivo di aiutare le persone a comprendere, prevenire e superare il dolore emotivo associato a questo fenomeno.

Il suo primo libro, "Il Silenzio Spezzato: Affrontare il Ghosting e Riprendersi la Propria Vita", è stato accolto positivamente dalla critica e dal pubblico, ottenendo numerosi riconoscimenti e premi. Il libro è stato tradotto in diverse lingue ed è stato un bestseller in Italia e all'estero.

Oltre alla sua attività di scrittrice, Jolanda Lori è anche una relatrice e una formatrice, che tiene corsi e seminari su vari temi legati alla psicologia e al benessere mentale. Ha inoltre collaborato con varie testate giornalistiche italiane e straniere, scrivendo articoli e commentando temi di attualità legati alla psicologia e alla società.

Jolanda Lori è impegnata anche in attività di volontariato e di solidarietà, sostenendo associazioni e iniziative a favore dei più deboli e dei più bisognosi. La sua passione per la psicologia e per la scrittura, unita alla sua sensibilità sociale e alla sua attenzione per il benessere mentale delle persone, la rendono una figura di riferimento nel panorama culturale italiano e internazionale.

LIBRI DI QUESTO AUTORE

Oltre La Tempesta: Affrontare La Separazione Con Ottimismo E Riscoprire La Felicità

"Oltre la Tempesta: Affrontare la Separazione con Ottimismo e Riscoprire la Felicità" è un libro ispirante e pratico scritto da Jolanda Lori, che ti guiderà attraverso un viaggio di trasformazione dopo una separazione. Questo libro non è solo una guida, ma un compagno che ti sostiene mentre affronti il cambiamento e scopri la bellezza di una vita autentica e significativa.

Contenuti Chiave:

Esplorazione Completa della Separazione: Il libro affronta in modo approfondito il processo di separazione, offrendo una comprensione empatica di ciò che si prova in questo momento delicato. Jolanda Lori condivide storie di esperienze personali e consigli pratici per affrontare le sfide emotive e pratiche della separazione.

Crescita Personale e Trasformazione: Attraverso 16 capitoli dettagliati, il libro esplora una vasta gamma di argomenti, tra cui la gestione delle emozioni, la comunicazione costruttiva, la guarigione dopo un tradimento, la ripresa della vita sessuale, la co-genitorialità positiva e molto altro. Ogni capitolo è progettato per aiutarti a crescere e trasformarti attraverso le tue esperienze.

Guida Pratica e Supporto: Ogni capitolo offre esempi pratici, strategie e suggerimenti che possono essere applicati nella vita di tutti i giorni. Gli esercizi di riflessione ti aiuteranno a esplorare i tuoi sentimenti, a identificare i tuoi obiettivi e a pianificare il tuo futuro con fiducia.

Storie di Ispirazione: Il libro presenta storie di individui reali che hanno affrontato la separazione e hanno trovato la forza per ricostruire le loro vite. Queste storie di resilienza e crescita offrono un senso di connessione e speranza, dimostrando che è possibile superare le avversità e riscoprire la felicità.

Autenticità e Amore: Un capitolo finale affronta l'importanza di abbracciare la propria autenticità e di aprire il cuore all'amore dopo una separazione. Ti guiderà a vivere una vita autentica e appagante, costruendo relazioni sincere basate sulla sincerità e sulla connessione.

Scritto con Empatia e Competenza: Jolanda Lori, autrice e esperta nel campo delle relazioni e del benessere, condivide saggiamente la sua conoscenza, combinando la sua esperienza personale con approfonditi studi nel campo. Il tono empatico e incoraggiante del libro ti farà sentire accompagnato in ogni passo del tuo percorso.

Per Chi È Questo Libro:

"Oltre la Tempesta: Affrontare la Separazione con Ottimismo e Riscoprire la Felicità" è destinato a chiunque stia affrontando una separazione, sia che sia appena iniziata o sia già passato del tempo. È per coloro che cercano sostegno, ispirazione e strumenti pratici per superare le sfide della separazione e per costruire una vita significativa e appagante. Le storie di successo, le strategie pratiche e le riflessioni guidate rendono questo libro una risorsa preziosa per chiunque desideri affrontare il cambiamento con ottimismo e riscoprire la propria felicità interiore.

Risveglio Relazionale: Navigare Le Trasformazioni Amorose Nella Società Moderna: Dal Pensionamento Dai Sentimenti All'ascesa Del Paradiso Terrestre

Il libro "Risveglio Relazionale: Navigare le trasformazioni amorose nella società moderna" offre un'analisi approfondita e coinvolgente sulle dinamiche delle relazioni amorose nel contesto della società odierna. Scritto dall'autrice esperta Jolanda Lori, questo libro affronta in modo audace e provocatorio i cambiamenti culturali e sociali che hanno influenzato i criteri delle relazioni e ha portato molte persone a sentirsi come se fossero entrate in "pensione dai sentimenti".

In questo libro, Lori esplora la sua personale esperienza di risveglio e mette in discussione le aspettative sociali riguardo alle relazioni. Con una scrittura avvincente e una profonda consapevolezza, l'autrice ci guida attraverso un viaggio di autoesplorazione e di riflessione sulla natura delle relazioni amorose.

Attraverso sedici capitoli tematici ben strutturati, l'autrice svela una panoramica completa delle sfide e delle opportunità che affrontiamo nel nostro percorso amoroso. Dal "risveglio dai sentimenti" e il confronto con la società moderna, ai mutamenti culturali e sociali che hanno influenzato i criteri delle relazioni, fino alla ricerca di un paradiso terrestre, ogni capitolo offre un'analisi dettagliata e una prospettiva unica sulle dinamiche relazionali.

Lori esplora anche l'importanza di relazioni autentiche, la sfida della singletudine, le relazioni non tradizionali, le prospettive religiose sulle relazioni, i segni del cambiamento nella società moderna e la percezione di vivere nell'"inferno terreno".

Attraverso riflessioni profonde e illuminanti, l'autrice ci guida verso una comprensione più ampia di noi stessi e delle nostre relazioni.

"Risveglio Relazionale" non si limita a offrire una mera analisi teorica, ma offre anche suggerimenti pratici, esempi ed esperienze personali che possono aiutare i lettori a navigare le complessità delle relazioni nella società moderna. Con una scrittura coinvolgente e accessibile, Lori riesce a toccare il cuore dei lettori e a offrire una prospettiva nuova e stimolante sulle dinamiche relazionali.

Questo libro è un'opera imperdibile per chiunque sia interessato ad approfondire la propria comprensione delle relazioni amorose nella società moderna. Che tu stia cercando di superare le sfide delle relazioni passate, di migliorare la tua connessione con il tuo partner attuale o di esplorare nuove prospettive sulle relazioni, "Risveglio Relazionale" ti guiderà attraverso un viaggio di scoperta, guarigione e speranza.

Sia che tu sia un lettore appassionato di saggi psicologici, un ricercatore di nuove prospettive sulle relazioni o semplicemente una persona che desidera approfondire la comprensione di sé e delle dinamiche relazionali, "Risveglio Relazionale" offre un'opportunità unica di esplorazione e crescita personale.

Con il suo stile di scrittura coinvolgente e accessibile, Jolanda Lori ti guiderà attraverso una serie di temi importanti legati alle relazioni amorose nella società moderna. Attraverso il suo esame approfondito dei cambiamenti culturali e sociali, delle sfide della singletudine, delle relazioni non tradizionali e delle prospettive religiose sulle relazioni, l'autrice ti invita a guardare oltre le convenzioni sociali e a esplorare nuove prospettive sulle relazioni.

Ogni capitolo offre una panoramica completa del tema trattato, fornendo una profonda analisi e una riflessione approfondita. Ma non si tratta solo di teoria. Jolanda Lori condivide esperienze personali, suggerimenti pratici e storie ispiratrici che rendono il libro estremamente coinvolgente ed empatico. Questo ti permetterà di sentirsi compreso e supportato nel tuo viaggio personale verso relazioni più autentiche e soddisfacenti.

Stalking Combattere L'invisibile: Riconoscere, Difendersi E Guarire: Una Guida Completa Per Affrontare Lo Stalking

"Stalking Combattere l'Invisibile" è una guida completa e informativa che offre una panoramica approfondita sul problema dello stalking, concentrandosi sul riconoscimento, la difesa e la guarigione. Scritto da Jolanda Lori, un esperto nel campo, questo libro fornisce un'analisi dettagliata delle diverse forme di stalking e delle sue implicazioni psicologiche ed emotive sulle vittime.

Attraverso 19 capitoli ricchi di informazioni, l'autrice offre strumenti essenziali per identificare e comprendere il fenomeno dello stalking. Dallo stalking fisico al cyber stalking, dai segnali precoci da non ignorare alle misure di sicurezza personali, ogni aspetto viene esplorato in modo esauriente.

Il libro non si limita solo a fornire una panoramica teorica, ma si impegna anche a offrire consigli pratici e risorse per aiutare le vittime di stalking a difendersi e a proteggere la propria sicurezza. Vengono fornite indicazioni sulla raccolta di prove, sulle opzioni legali disponibili e sulle procedure da seguire per ottenere protezione e sostegno.

Inoltre, "Stalking Combattere l'Invisibile" si immerge anche negli effetti psicologici dello stalking, offrendo una comprensione approfondita del trauma, dell'ansia e della depressione che possono derivare da questa forma di violenza. L'autrice fornisce suggerimenti per affrontare tali effetti e per intraprendere un percorso di guarigione personale.

Questo libro è un prezioso compagno per chiunque sia interessato a comprendere meglio il fenomeno dello stalking e per coloro che hanno sperimentato o stanno affrontando questa terribile situazione. Con una scrittura chiara e accessibile, Jolanda Lori offre un supporto emozionale e pratico, guidando i lettori attraverso il processo di riconoscimento, difesa e guarigione.

"Stalking Combattere l'Invisibile" è un punto di riferimento indispensabile per vittime di stalking, amici, familiari e professionisti che desiderano approfondire l'argomento e acquisire strumenti concreti per combattere questa forma di violenza. Prendi il controllo della tua vita e affronta l'invisibile: questa guida ti accompagnerà passo dopo passo lungo il tuo cammino verso la libertà e la guarigione.

Mobbing Devastante: Combattere L'abuso Sul Lavoro E Ricostruire La Propria Vita

"Mobbing Devastante: Combattere l'abuso sul lavoro e ricostruire la propria vita" è un potente e illuminante libro che affronta il tema del mobbing, fornendo una guida completa per riconoscere, affrontare e superare l'abuso psicologico sul posto di lavoro.

L'autrice, Jolanda Lori, esperta di psicologia del lavoro e consulente di carriera, condivide una profonda conoscenza e comprensione del fenomeno del mobbing, basata sia sulla sua esperienza personale che sulla sua formazione professionale. In questo libro, mette a disposizione dei lettori una risorsa essenziale per navigare in un ambiente di lavoro ostile e riconquistare la propria vita e il proprio benessere.

Attraverso un approccio empatico e coinvolgente, Jolanda Lori esplora le diverse forme di mobbing, i segnali premonitori e gli effetti devastanti che può avere sulla salute fisica e mentale delle vittime. Attraverso storie reali e testimonianze di persone che hanno vissuto il mobbing, l'autrice illustra in modo vivido gli impatti emotivi e professionali di questa forma di abuso.

Il libro offre un'analisi approfondita della psicologia del mobbing, esaminando i motivi che spingono i molestatori, il ruolo dei testimoni e gli effetti sulle vittime. Viene dedicata particolare attenzione anche alla gestione del mobbing, fornendo consigli pratici su come affrontare la situazione in modo assertivo, gestire lo stress e mantenere un equilibrio tra lavoro e vita personale.

"Mobbning Devastante" va oltre l'analisi del problema, offrendo anche soluzioni e strategie per la prevenzione e l'intervento. L'autrice esplora il ruolo delle risorse umane, dei colleghi e degli esperti nel contrastare il mobbing e promuovere un cambiamento organizzativo positivo. Vengono forniti consigli su come documentare gli eventi, gestire i conflitti e affrontare il periodo successivo al mobbing, inclusi il recupero emotivo e le eventuali conseguenze legali.

Con uno stile di scrittura accessibile e coinvolgente, Jolanda Lori offre ai lettori una bussola per navigare attraverso l'oscurità del mobbing e trovare la luce della speranza e dell'empowerment. Attraverso esempi pratici, esercizi di riflessione e strategie efficaci, il libro guida i lettori verso la strada della guarigione e della ricostruzione.

Che tu sia un lavoratore che sta vivendo il mobbing, un datore di lavoro che desidera creare un ambiente di lavoro sano o un testimone che vuole intervenire, "Mobbing Devastante" sarà la tua guida fidata per affrontare questa sfida complessa e affrontare il mobbing con coraggio, resilienza e determinazione.

Non lasciare che il mobbing ti definisca. Prendi in mano la tua vita e ricostruisci un futuro luminoso e privo di abusi sul lavoro.

"Mobbing Devastante: Combattere l'abuso sul lavoro e ricostruire la propria vita" sarà il tuo compagno di viaggio in questa importante trasformazione.

Zombieing Digitale : Riprendi Il Controllo Delle Tue Relazioni, Ricostruisci La Tua Autostima E Vivi Una Vita Piena Di Connessioni Sane E Significative

"Zombieing Digitale" è una guida completa e dettagliata che ti aiuterà a riconoscere, affrontare e superare lo zombieing nelle relazioni digitali. Scritto da Jolanda Lori, un esperto nel campo delle dinamiche relazionali e del benessere emotivo, questo libro offre strumenti pratici e strategie efficaci per riprendere il controllo delle tue relazioni online e creare una vita piena di connessioni sane e significative. Nell'era digitale in cui siamo sempre più connessi tramite social media, app di messaggistica e incontri online, lo zombieing è diventato un fenomeno diffuso che può causare stress emotivo e danneggiare l'autostima. "Zombieing Digitale" ti guida attraverso il processo di comprendere le dinamiche dello zombieing, come identificare i segnali di allarme e come rispondere in modo efficace per proteggerti e ripristinare la tua autostima. Attraverso una combinazione di approfondite ricerche, esperienze personali e consigli pratici, Jolanda Lori ti fornisce le conoscenze necessarie per comprendere le ragioni dietro lo zombieing e come evitarlo. Imparerai a stabilire confini sani nelle relazioni digitali, a comunicare in modo assertivo ed empatico e a sviluppare una solida autostima che ti permetta di navigare con sicurezza nel mondo online. Questo libro ti guiderà passo dopo passo nella tua trasformazione, offrendoti strumenti per ricostruire la tua autostima e creare relazioni più autentiche e soddisfacenti. Scoprirai come gestire le situazioni di zombieing, come affrontare l'autocritica e il giudizio negativo, e come sperimentare una vera connessione con gli altri senza compromettere il tuo benessere emotivo. "Zombieing Digitale" è ricco di esempi reali, esercizi pratici e strategie comprovate per aiutarti a superare le sfide delle relazioni digitali e a costruire una vita piena di connessioni significative. Che tu stia cercando di risolvere le ferite dello zombieing passato o desideri proteggerti da futuri episodi, questo libro sarà la tua guida di fiducia verso la guarigione, la crescita personale e la creazione di relazioni online più sane e gratificanti. Sia che tu sia un giovane adulto che sta navigando nel mondo degli appuntamenti online, un professionista che desidera costruire relazioni significative sul luogo di lavoro o semplicemente una persona che vuole comprendere meglio le dinamiche delle relazioni digitali, "Zombieing Digitale" è un libro indispensabile che ti accompagnerà in un viaggio di autodiscovery e ti fornirà gli strumenti necessari per vivere una vita appagante, piena di connessioni autentiche e gratificanti.

Nel Vortice Dell'orbiting: Come Evitare Di Essere Intrappolati In Relazioni Senza Futuro

Nel vortice dell'orbiting è un libro di Jolanda Lori che si concentra su un problema relazionale sempre più diffuso: l'orbiting. Molte persone hanno sperimentato questa forma di comportamento passivo-aggressivo in cui un partner o un amico continua a tenere sotto controllo la tua vita sui social media, risponde solo occasionalmente ai tuoi messaggi e sembra disinteressato alle tue attività e ai tuoi obiettivi.

Il libro fornisce un'analisi approfondita dell'orbiting, esplorando le sue cause, le sue conseguenze e le sue implicazioni emotive. L'autrice fornisce anche consigli pratici su come evitare di cadere nella trappola dell'orbiting, come difendersi da questo tipo di comportamento e come costruire relazioni sane e autentiche.

Attraverso esempi di vita reale e una vasta gamma di ricerche sulle dinamiche delle relazioni, Lori offre un approccio fresco e innovativo a un fenomeno sempre più comune nella società moderna. Nel vortice dell'orbiting è un'opera indispensabile per chiunque stia cercando di capire e affrontare l'orbiting, e per coloro che cercano di costruire relazioni sane e significative nella loro vita.

Il Silenzio Spezzato: Affrontare Il Ghosting E Riprendersi La Propria Vita

Il Silenzio Spezzato: Affrontare il Ghosting e Riprendersi la Propria Vita, di Jolanda Lori, è un libro che esplora il fenomeno del ghosting nelle relazioni e fornisce ai lettori le conoscenze e le strategie necessarie per affrontarlo e superarlo.

Il ghosting è un comportamento in cui una persona termina una relazione o smette di comunicare con l'altra persona senza alcuna spiegazione o avviso. Questo comportamento può essere doloroso e traumatico per la persona che lo subisce, e può avere effetti negativi sulla salute mentale e sulle relazioni future.

Il libro di Jolanda Lori esplora i diversi aspetti del ghosting, tra cui le cause, le conseguenze e i modi per prevenirlo e affrontarlo. La Lori analizza le diverse fasi del ghosting e fornisce ai lettori una comprensione approfondita di questo comportamento.

Inoltre, Il Silenzio Spezzato offre una serie di strategie e tecniche per aiutare i lettori a gestire il dolore emotivo causato dal ghosting. Queste strategie includono la cura di sé, il supporto di amici e familiari, l'evitare di cercare spiegazioni insoddisfacenti e la concentrazione sulle attività preferite.

Il libro è scritto in modo chiaro e accessibile, con una narrazione coinvolgente e ricca di esempi reali. La Lori utilizza la sua esperienza personale e professionale nel campo della salute mentale per offrire una prospettiva autorevole e informativa sul ghosting.

Il Silenzio Spezzato è un libro utile per chiunque abbia vissuto il ghosting o abbia avuto una relazione con qualcuno che ha fatto ghosting. Il libro offre una guida pratica e consigli preziosi per superare il dolore emotivo e riprendersi la propria vita.

In sintesi, Il Silenzio Spezzato di Jolanda Lori è un libro importante per coloro che desiderano comprendere, prevenire e affrontare il ghosting. Con la sua prospettiva informativa e utile, il libro può aiutare i lettori a superare il dolore emotivo associato al ghosting e a prevenire questa esperienza in futuro.